COLLECTION
DE
CONTES ET DE CHANSONS POPULAIRES

VI

CONTES INDIENS

LE PUY. — IMPRIMERIE MARCHESSOU FILS

CONTES INDIENS

Les Trente-deux Récits du Trône
(BATRIS-SINHASAN)
ou les merveilleux
EXPLOITS DE VIKRAMADITYA
traduits du bengali
et augmentés d'une étude et d'un index
Par LÉON FEER

PARIS
ERNEST LEROUX, ÉDITEUR
LIBRAIRE DE LA SOCIÉTÉ ASIATIQUE DE PARIS
DE L'ÉCOLE DES LANGUES ORIENTALES VIVANTES, ETC.
28, RUE BONAPARTE, 28

1883

AVIS AU LECTEUR

La traduction de contes indiens que nous offrons au lecteur se compose : 1° d'un Avertissement *très court, en quelques lignes*; 2° d'une Introduction *assez longue qui est un véritable conte*; 3° des Trente-deux contes *annoncés par le titre de l'ouvrage*.

Ce travail n'est pas à proprement parler une œuvre d'érudition. Nous avons traduit ces contes pour le commun des lecteurs et non pas seulement pour les indianistes. Cependant nous avons cru devoir les faire précéder et les faire suivre de deux morceaux qu'on pourrait croire inspirés par la préoccupation de complaire aux savants. Ce que nous avons mis avant la traduction est une « Etude » sur les contes; nous aurions voulu éviter ce titre un peu ambitieux d' « Etude » et employer celui d' « Introduction », mais il fallait le réserver pour le récit initial du recueil. — Ce que nous avons mis à la suite de notre traduction est une table alphabétique des noms indiens, accompagnés de quelques indications et de renvois aux contes dans lesquels ils se trouvent. Nous avons réservé pour cette table certaines explications que nous n'avions pas cru devoir mettre en note dans le cours des récits. Le lecteur est prié de vouloir bien consulter cette table pour les éclaircissements qu'il pourrait désirer.

Le lecteur appréciera l'utilité de l' « Etude » et de la « Table »; nous nous sommes proposé, en augmentant notre traduction de ces deux appendices, d'en rendre la lecture plus facile, plus agréable, plus intéressante et plus instructive, sans surcharger néanmoins notre travail d'une science qui n'est bonne que pour les savants de profession.

Il est impossible de faire un travail de ce genre sans reproduire beaucoup de mots hindous. Aussi en rencontrera-t-on un bon nombre. Si nous les avions écrits en conservant à

AVIS AU LECTEUR

nos lettres la valeur que nous leur donnons habituellement, notre volume serait hérissé de mots bien étranges; d'un autre côté, nous ne pouvions, par bien des raisons, employer le système de transcription dont nous aurions fait usage si nous avions entrepris un travail d'érudition pure. Nous nous sommes donc arrêtés à un système mixte que nous n'avons pas à motiver autrement ni à défendre, et qu'il suffit de faire connaître en indiquant la valeur spéciale et contraire à l'usage donnée à certaines de nos lettres Tout ce que nous dirons pour justifier ces bizarreries, c'est que la valeur donnée à telle ou telle lettre, contrairement à notre usage, se justifie par celui de tel ou tel peuple européen.

Voici donc les lettres qui se prononcent d'une façon particulière :

c et ch se prononcent tch (ch est censé accompagné d'une aspiration).
g est toujours dur comme dans guerre, guide, garde, etc.
h venant après une consonne représente une aspiration que nous ne savons pas exprimer (bh, ch, dh, gh, kh, ph, th, sont b, c, d, g, k, p, t aspirés).

j *se prononce* dj.
s *se prononce* ç *jamais* z.
sh *se prononce* ch.
u *se prononce* ou.
au *se prononce* aou.
ai *se prononce* ay.
v *après* ç *ou* s *se prononce généralement* ou.
x *se prononce* kch.

D'après cela, Cirajiva *se prononce* Tchiradjiva ;
Candramauli *se prononce* Tchandramaouli ;
Çixâ *se prononce* Çikchâ ;
Jyeshtha *se prononce* Djyechtha ;
Ghatakapurî *se prononce* Gatakapourî ;
Guru, Svarga *se prononcent* Gourou, Souarga.

ÉTUDE

SUR

LES TRENTE-DEUX RÉCITS

DU TRONE

I. — APERÇU GÉNÉRAL

§ 1. — LES CONTES RELATIFS A VIKRAMADITYA

Le nom du roi Vikramâditya (« Soleil d'héroïsme ») est un des plus illustres parmi ceux des souverains de l'Inde. Son règne marque l'époque où la culture des lettres et des sciences brilla du plus vif éclat. Les plus beaux génies se réunissaient à sa

j *se prononce* dj.
s *se prononce* ç *jamais* z.
sh *se prononce* ch.
u *se prononce* ou.
au *se prononce* aou.
ai *se prononce* ay.
v *après* ç *ou* s *se prononce généralement* ou.
x *se prononce* kch.

D'après cela, Cirajîva *se prononce* Tchîradjîva ;
Candramaulî *se prononce* Tchandramaoulî ;
Çixâ *se prononce* Çikchâ ;
Jyeshtha *se prononce* Djyechtha ;
Ghatakapurî *se prononce* Gatakapourî ;
Guru, Svarga *se prononcent* Gourou, Souarga.

ÉTUDE
SUR
LES TRENTE-DEUX RÉCITS
DU TRONE

I. — APERÇU GÉNÉRAL

§ 1. — LES CONTES RELATIFS A VIKRAMADITYA

Le nom du roi Vikramâditya (« Soleil d'héroïsme ») est un des plus illustres parmi ceux des souverains de l'Inde. Son règne marque l'époque où la culture des lettres et des sciences brilla du plus vif éclat. Les plus beaux génies se réunissaient à sa cour, et le siècle de Vikramâditya est pour l'Inde ce qu'est pour la Grèce le siècle de Périclès, pour Rome le siècle d'Auguste, pour l'Italie le siècle de Léon X, pour la France le siècle de Louis XIV. Malheureusement, en dépit d'une si haute renommée, l'histoire de ce roi n'est pas, pour cela, plus certaine ni mieux connue; et il n'en existe pas une relation suivie qui mérite une entière confiance. Le sens historique manque aux Hindous, et ce qu'ils ont trouvé de mieux à faire pour célébrer la gloire d'un de leurs plus grands monarques, ç'a été de composer des contes dont il est le héros. Deux séries de fictions se rattachent à son nom : l'une est intitulée « les trente-deux récits (des figures) du trône [1] »; l'autre a pour titre « les vingt-cinq contes du Vétâla [2] ». Le second recueil n'est qu'un épisode du premier et a un lien moins étroit avec les actions réelles ou imaginaires de Vikramâditya; c'est dans les trente-deux récits du trône qu'on le voit constamment mis en scène, il est l'unique héros de ces légendes destinées à faire res-

1. En sanscrit : *Sinhâsana-trâtrimçati.*
2. En sanscrit : *Vetâla-pancavimçati.*

sortir ses vertus et visiblement consacrées à sa louange.

Les « contes du Vetâla » sont des histoires que l'on raconte au roi, et sur lesquelles il est appelé ou se croit appelé à porter un jugement, presque des énigmes dont il doit et sait trouver le mot. Ce recueil est donc principalement destiné à mettre en relief la sagacité, la justesse et la finesse d'esprit du Salomon indien. Rédigé primitivement en sanscrit comme les autres compilations du même genre, il a passé dans plusieurs des langues modernes de l'Inde; on l'a traduit de quelques-unes de ces langues en anglais. Il a même franchi la frontière de la péninsule et pénétré, par le Tibet, jusqu'en Mongolie, où il existe encore, partie en kalmouk, partie en mongol. En 1867 et 1868, M. le professeur Jülg, d'Innsbruck, en a donné le texte kalmouk-mongol avec une traduction allemande, savant travail dont le mérite est encore rehaussé par l'initiative que l'auteur a prise dans un domaine presque inexploré. Les diverses versions des vingt-cinq contes du Vetâla diffèrent notablement les unes des autres, elles nous occuperont peut-être un jour; pour le moment, nous les laisserons de côté, les trente-deux récits du trône réclament seuls notre attention.

Voici, en deux mots, le cadre de ces récits : Le roi Vikramâditya possédait un trône merveilleux qui lui avait été donné par Indra, le roi des dieux, et sur lequel se voyaient, entre autres ornements, trente-deux figures sculptées. Après sa mort, ce trône fut enterré profondément, nul n'osant y prendre place. Quelques siècles plus tard, un roi appelé Bhoja vint à le découvrir et voulut s'y asseoir; mais, chaque fois qu'il en fit la tentative, une des trente-deux figures l'en détourna par le récit de quelqu'un des merveilleux exploits de Vikramâditya. Quand chacune eut fait son récit, ces trente-deux figures, qui étaient des divinités fixées dans ce trône et immobilisées par suite d'une malédiction, le prirent et l'emportèrent chez elles, probablement au ciel d'Indra.

J'ignore si les trente-deux récits se sont répandus autant que les vingt-cinq; je sais seulement que ce recueil a été traduit du sanscrit, qui est la langue originale, dans le dialecte moderne braj-bhâkhâ par Sundar, sur l'ordre de Shâh-Jehân; depuis, il a été traduit du braj-bâkhâ en hindoustani-ourdou par Lallu. Je crois, du reste, qu'il a été traduit en plusieurs autres langues, et qu'il en existe un certain nombre de versions plus ou moins fidèles, plus ou moins concordantes et conformes à l'original. Mon intention n'est pas de les comparer entre elles ni de les rapprocher du texte sanscrit qui est le point de départ commun de ces compilations diverses, et que je ne connais pas. Ce serait un travail fort étendu, pour lequel les matériaux me font défaut, tout spécial d'ailleurs et très différent de celui que j'ai entrepris sans aucune prétention à l'érudition, dans le seul désir d'instruire et d'intéresser le commun des lecteurs.

Néanmoins il est une de ces versions dont je ne puis me dispenser de dire au moins un mot, parce qu'elle a passé dans notre langue ; c'est la version persane traduite en français par Lescallier [1]. On y reconnaît bien nos trente-deux contes et leur Introduction ; mais la rédaction est tout autre et les différences de détail sont considérables. Je n'en

---

1. Le trône enchanté, conte indien traduit du persan, par M. le baron Lescallier. New-York, 1817, 2 volumes grand in-8°.

parle que par comparaison avec la seule version que je connaisse à fond, celle qui m'a servi pour le présent travail, et qu'il me reste à faire connaître [1].

C'est une traduction bengalie intitulée *Batris putalikā sinhāsan*, imprimée à Londres en 1815 et réimprimée depuis ; elle est l'œuvre de Mrityunjama. Je ne saurais dire sur quel texte elle a été faite ; mes conjectures sont en faveur d'une version fidèle de l'original sanscrit ; toutefois, je ne saurais en donner d'autre preuve que la forme et la teneur des récits auxquels je trouve un cachet d'authenticité très marqué.

Ces fictions me semblent de nature à piquer vivement la curiosité du lecteur européen, et à trouver des amateurs en dehors de l'orientalisme. Mais elles sont particulièrement propres à satisfaire quiconque éprouve-

---

[1]. M. Garcin de Tassy dit que cette version est un pur roman qui s'éloigne beaucoup de l'original. Il en parle sans doute par comparaison avec la version hindoustanie qu'il connaissait mieux que personne. Mais j'ai cru m'apercevoir que la version hindoustanie n'est pas en parfait accord avec la version bengalie, de sorte qu'on ne sait pas bien qui s'écarte plus ou moins de l'original. Il y a là toute une question à étudier.

rait quelque désir de connaître l'Inde, et je crois qu'il serait impossible de trouver sous un petit volume une peinture plus fidèle et plus captivante de l'esprit indien. Les témérités les plus audacieuses de l'invention, les idées et les pratiques religieuses, la manière dont on conçoit l'exercice du pouvoir, la conduite de la vie, la loi morale, quelques-unes des traditions essentielles et des croyances fondamentales de l'Inde, tout cela est réuni, condensé en quelques pages; et le langage du bon sens s'y trouve sans cesse mêlé aux plus grands écarts de l'imagination. Certes, la lecture du Râmâyana et du Mahâbhârata apprend infiniment plus de choses que ce petit recueil n'en renferme; et cependant, même après avoir étudié ces deux immenses amas de légendes, peut-être n'est-il pas mauvais de prendre connaissance de nos trente-deux contes. Quant aux personnes (et elles sont nombreuses) qui n'auraient pas le temps d'aborder ces gigantesques compilations, elles pourront, en lisant les trente-deux récits du trône, acquérir une notion exacte et très suffisante du génie indien.

Ces récits, qui sont en prose, et ont ainsi

quelque chose de plus populaire [1], qui ne font point partie de la littérature officielle autorisée, ont une certaine saveur qui manque aux monuments grandioses de la pensée brahmanique; ils peignent davantage l'esprit des classes inférieures et la vie quotidienne. Non pas que ces contes représentent fidèlement l'état actuel; ils doivent avoir une certaine antiquité, et se rapporter au temps où l'Inde, non encore subjuguée, était sous la discipline du brahmanisme intact et florissant. Ils nous offrent donc, si je ne me trompe, un tableau de l'esprit indien, au temps du brahmanisme, mais en dehors du monde brahmanique officiel, quelque

---

1. Cette proposition semblera peut-être paradoxale, la poésie paraissant être le caractère propre des compositions primitives et populaires; mais, dans la littérature indienne, le vers est la forme naturelle des écrits officiels, des compositions faisant autorité. Les textes sacrés sont généralement en vers; les explications et les commentaires sont en prose. Les recueils de fables, avec lesquels nos contes ont beaucoup d'analogie, sont en prose, mais en prose entremêlée d'une foule de vers qui sont, pour ainsi dire, la partie dogmatique de ces compilations. Nos contes n'ont pas même de vers, circonstance qui semble dénoter un genre d'écrits encore plus éloigné des textes officiels, partant plus populaire.

chose de plus spontané, de plus libre, de plus populaire que la littérature savante, mais sans esprit de révolte contre l'état de choses établi ou même d'affranchissement de l'empire exercé sur les esprits par la caste dominante.

Pour aider le lecteur à mieux profiter de cette lecture, nous croyons devoir résumer ici les principaux enseignements fournis par les trente deux contes et l'introduction qui les précède.

II. — HISTOIRE

§ 2. — VIKRAMADITYA ET ÇALIVAHANA

Quand nous parlons « d'histoire », il est bien entendu qu'il ne peut être question de retracer la vie de Vikramâditya, ni même de faire la critique des faits cités dans le recueil pouvant avoir un caractère historique; il s'agit simplement de recueillir et résumer ces faits. Voici à quoi ils se réduisent :

Bartrihari ayant été sacré roi d'Avantî, son jeune frère Vikramâditya, froissé par nous ne savons quelle injure, prit le parti de s'expatrier. Cependant Bartrihari finit par prendre le monde et la royauté en dégoût; il quitta le trône et se fit ermite. Il ne laissait pas de fils, et on ne put lui trouver un successeur convenable. Vikramâditya sortit alors de sa retraite, se présenta comme candidat au trône, fut agréé, et régna glorieusement jusqu'au jour où il périt sur le champ de bataille en combattant Çâlivâhana. Sa première épouse était alors enceinte; elle attendit le moment de sa délivrance pour « entrer dans le feu », c'est-à-dire, pour se brûler et suivre son mari dans la mort. Le fils qu'elle laissa fut élevé par les conseillers du feu roi et régna à son tour sous le nom de Vikramâsena.

La lutte de Vikramâditya et de Çâlivâhana est de nouveau décrite dans le conte vingt-troisième, mais d'une manière différente. Çâlivâhana, appelé Çâlavâhana, y est représenté comme un enfant merveilleux qui triomphe de son adversaire; mais Vikramâditya est sauvé grâce à sa piété. S'il fallait concilier les données de ce récit avec celles de l'introduction (ce qui n'est pas d'une absolue nécessité), il faudrait, sans doute, admettre qu'il y eut plusieurs guerres entre les deux rois. Mais il y a une autre difficulté plus sérieuse. Çâlivâhana est le nom du roi auquel se rapporte l'Ere dite Çâka, qui correspond à 76 ou 78 de notre ère. Tandis que le règne et même, à ce qu'on dit, la mort de Vikramâditya sert de point de départ à l'ère dite Samvat qui commence à l'an 56 avant la nôtre. Il est donc bien difficile d'admettre que ces deux personnages aient été contemporains, puisque les deux dates sont séparées par un intervalle de 76 + 44 = 120 ans, à moins de supposer que l'ère *Samvat* commencerait à la naissance ou à l'avènement de Vikramâditya et l'ère Çâka à la mort de Çâlivâhana ou à des dates assez voisines de ces deux événements. Il est vrai qu'on a toujours la ressource d'admettre plusieurs rois du nom de Çâlivâhana, de même que l'on a imaginé plusieurs Vikramâditya. Mon intention n'est pas de débrouiller la chronologie et l'histoire de l'Inde; j'ai voulu tout simplement signaler les faits qui peuvent avoir une apparence historique et, dès lors, je ne pouvais me dispenser de signaler en passant les difficultés qu'ils soulèvent. Je passe maintenant à d'autres considérations.

§ 3. — JOURNÉE D'UN ROI INDIEN

Le conte vingt-deuxième semble avoir été fait pour initier à la connaissance de l'emploi du temps d'un roi indien. La description qu'il nous donne de la journée de Vikramâditya absorbe presque tout le récit, et le reste est insignifiant. Voici donc comment un grand et puissant monarque de l'Inde distribue sa journée :

Matinée. — Réveil au son des instruments et des louanges ; — prières et méditations religieuses. — Maniement des armes. — Libéralités et gratifications. — Expédition des affaires.

Midi. — Actes religieux.

Après-midi. — Libéralités, distributions. — Repas. — Mastication du bétel ; onctions. — Sieste. — Causerie avec les femmes ; lecture et récit des antiques histoires. — Examen des richesses royales de toute nature.

Soir. — Actes religieux. — Chants, danses et musique. — Visite à ses femmes. — Sommeil.

Tels étaient les exercices qui se succédaient du matin au soir et du soir au matin pendant la vie du roi.

A cette description de la vie quotidienne, il faut joindre celle des promenades que le roi faisait dans son parc lorsque venait le printemps. Cette description revient fréquemment dans les ouvrages indiens; notre cinquième récit nous la donne avec de grands détails. Le roi se rend à son parc accompagné de ses femmes, et se livre avec elles dans les bosquets à toutes sortes de jeux plus ou moins innocents.

III. — MORALE

§ 4. — VERTUS MORALES DE VIKRAMADITYA

Si les contes du Vétâla sont destinés à montrer jusqu'où va la sagacité du roi, les trente-deux récits du trône servent à faire éclater ses vertus, qui sont nombreuses; mais il en est une qui les domine et les résume, la générosité, le sacrifice. Les trésors de Vikramâditya, son activité, sa vie sont à la disposition d'autrui. Pour soulager un homme dénué de tout, pour délivrer un individu ou une population en proie à quelque fléau, pour obliger un ami, pour satisfaire un caprice, il renonce aux plus grands biens, à des sources inouïes de richesses, même à la vie. Bref, il pratique dans sa plus grande étendue le « don » (*Dâna*), cette vertu suprême recommandée par le Brahmanisme, et plus encore par le Bouddhisme; il réalise ce grand idéal que les Orientaux se font d'un roi : donner beaucoup à tout le monde, ne prendre rien à personne.

En conséquence, onze fois mis en possession d'un joyau, d'un talisman, il le donne presque immédiatement à un mendiant, ou à un besogneux quelconque, à tout individu qu'il rencontre et qu'il pense obliger de cette manière (2, 9, 12, 13, 17, 18, 19, 20, 23, 25, 29, 30). Six fois, il ouvre ses trésors et fait de larges dons individuels (4, 5, 15, 28) ou collectifs (1, 22) pour reconnaître un service quelquefois douteux, ou pour obéir au devoir, pour témoigner sa reconnaissance d'une instruction qu'on lui a donnée. Dix fois, il essaie de se tuer pour sauver une ou plusieurs personnes d'un grand péril (2, 6, 7, 10, 16, 21, 24, 26, 27, 28); — cinq fois, il s'expose à des dangers redoutables ou à de cruelles souffrances pour délivrer un ami ou une personne qui lui est étrangère (8, 11, 14, 15, 30). Deux fois, pour ne pas manquer à sa parole, il s'expose à perdre son royaume (23) ou ses vertus (31); — une fois, il est prêt à abandonner, à livrer à un autre, la reine sa première épouse, en expiation d'un crime qu'il n'a pas commis, les apparences étant contre lui. Toutes ses actions, empreintes de merveilleux, ont pour motif l'amour de la sagesse et de la science, la compassion pour les autres.

Les vertus ou les qualités qu'on exalte en sa personne sont : la « grandeur » (*mahatva*, 1, 2, 3, 4, 9, 11, 12, 13, 16, 19); — la « libéralité » (*Dâna*, 1 et *audârya*, 2, 5, 14, 17, 18, 19, 20, 21, 22, 23, 25, 30, 31); — « l'énergie » (*sâhasa*, 18, 25, 28, 30); — « l'héroïsme » (*Çaurya*, 2, 17, 23, 25); « l'obligeance envers les autres » (*paropakâraka*, 6, 10, 21); la « fermeté » (*dhairya*, 23, 25); — le « désir d'être utile à toutes les créatures » (*Sarvaprâni-upakâraka*, 7); — la « protection des créatures » (*prajâpratipâlaka*); — la « satisfaction des désirs d'autrui » (*paravancapûraka*, 6, 20, 21); —

« l'humanité » (*purushârtha*, 11, 14); — la reconnaissance (*upakâranatâ*, 4); — la « bienfaisance » (*hitakarî*, 22); — « l'attachement à la vérité » (*satyasandha*, 31); — la « majesté » (*pratâpa*, 1); la puissance (*prabhâva*, 18). — Quoique je n'écrive pas pour les philologues ou les indianistes, j'ai cru devoir ajouter les noms bengalis-sanscrits des vertus et qualités énumérées; plusieurs de ces termes sont synonymes, et il arrive assez souvent que plusieurs d'entre eux ont cités dans un même récit.

La morale héroïque de ce roi qui obtient un talisman, un préservatif contre la maladie, la vieillesse et la mort, et s'empresse de l'abandonner au premier malade qu'il rencontre, qui jette à pleines mains ses trésors pour secourir des mendiants qu'il ne connaît pas, qui est prêt à se couper le cou pour donner de l'eau à ceux qui en manquent, pour faire cesser des sacrifices humains, etc., etc., est-elle bien saine? On ne peut nier qu'il y ait dans tous ces récits une belle idée du dévoûment et du sacrifice; mais il me semble qu'on n'y peut méconnaître un air grimaçant et faux, bien en rapport avec les circonstances merveilleuses qui servent de cadre à l'exercice de ces vertus. A présenter sous ces traits la pratique du bien, on la met en dehors de la conduite générale de la vie. Pour faire une impression sérieuse, les modèles de vertu doivent être plus près de la nature humaine, et l'exagération poussée à ce degré n'a plus de prise sur nous : on assiste à une fantasmagorie, à des jeux de Mahâmâyâ, « la grande enchanteuse », qui ne sont pas de notre domaine ni de notre monde. Reconnaissons le souffle moral qui anime ces pages, mais ne lui accordons pas notre admiration sans réserve ; souvenons-nous qu'il est des extravagances qui gâtent les meilleures choses, et n'oublions pas que l'héroïsme, si rare qu'il soit, n'est pas une vertu qui soit et doive être placée en dehors des conditions ordinaires de l'humanité.

Après cette espèce de revue générale, nous passons aux détails, et nous étudions, en les classant de notre mieux, les questions diverses traitées une ou plusieurs fois, avec plus ou moins de développement, dans nos récits.

§ 5. — SCIENCE

La science est ce qui distingue l'homme de la bête; car l'homme et la bête accomplissent les mêmes fonctions vitales. Donc, l'homme qui réduit son activité à ces fonctions, sans s'élever par la science, est une bête dès cette vie, et il retournera à l'animalité dans les existences futures (8 et 20). — La science peut aussi être assimilée à la vie; vivre sans la science, c'est être mort; et un fils mort vaut mieux qu'un fils ignorant. Que mettre au-dessus de la science? elle est supérieure à tous les autres avantages : — à la royauté, car le savant est aussi considéré à l'étranger que dans son propre pays; — aux richesses, car on ne peut l'enlever à celui qui la possède; — aux ornements qui ne brillent que sur les jeunes gens, car, à tout âge, la science reluit en l'homme qui en est doué (8).

Qu'est-ce que cette science si enviable? C'est celle qui est contenue dans les livres (Çâstra). Il faut donc lire ces livres et les étudier à fond pour en extraire le suc, la moelle, en un mot pour y puiser la science.

Mais dans quel esprit convient-il de le faire ? Le conte 12 nous offre, à ce sujet, une curieuse discussion. Vikramâditya reproche à un groupe de pandits ou savants qui débattaient entre eux le sens d'un texte, de disputer non pour saisir la pensée du texte, pour en pénétrer le sens, mais pour y trouver la justification de leurs opinions personnelles. C'est donc avec un entier désintéressement, un pur et sincère amour de la vérité, qu'il convient d'aborder l'étude de ces Çâstras, qui sont le dépôt de la science.

Les Çâstras[1] forment une masse considérable de volumes : c'est toute la littérature indienne. Aussi ne songerions-nous pas à les classer et à les énumérer ici, si l'auteur de nos récits n'avait exécuté lui-même ce travail dont nous n'avons qu'à faire connaître le résultat.

Selon lui et selon d'autres aussi (car il ne s'agit pas ici d'une opinion individuelle, mais d'une donnée généralement admise), la science contenue dans les Çâstras se subdivise en 18 parties citées en bloc plusieurs fois et énumérées en détail dans le récit qua-

---

1. Çâstra signifie proprement « instrument pour apprendre ».

trième. Cette énumération n'est pas d'une clarté parfaite, parce qu'on y trouve plus de 18 intitulés et que, par conséquent, il faut comprendre sous un seul chef plusieurs noms. La portée de ces noms n'est pas toujours facile à saisir; les uns désignent certainement un recueil, un ouvrage déterminé, d'autres doivent s'appliquer à des séries tout entières de livres. Après avoir essayé sur cette nomenclature un petit travail de classement, nous croyons pouvoir donner le tableau des 18 sciences. Elles se divisent en deux catégories : les « sciences dont l'objet est invisible » *(adrishthârtha)*, au nombre de 14, et les « sciences dont l'objet est visible » *(Drishthârtha)*, au nombre de 4.

SCIENCE DE L'INVISIBLE

LIVRES SACRÉS

Veda	*Vedanga*
1 Rig	Cixa.
2 Yajur	Kalpa.
3 Sâma	Vyâkarana.
Atharvan	Nirutka.
	Jyotisha.
	Chanda.

PHILOSOPHIE

Mimamsa

5 Pûrva-M.   9 Rûpa-Nyâya.
6 Uttara-M.   10 Vaiçeskika.
7 Rûpa-M.   11 Sânkhya.
8 Nyâya.   12 Patânjala.

TRADITION

13 Smriti-Çâstra.   14 Purâna.

SCIENCE DU VISIBLE

15 Ayur (médecine).
16 Dhanur (arc et armes : sciences militaires).
17 Gândharva (musique).
18 Çilpa (arts manuels).

Quelques ouvrages cités dans nos contes doivent se ranger sous l'une ou l'autre de ces 18 rubriques ; tels sont : le Râja-nîti ou « la conduite des rois » (Intr., 13, 19, 22), traité de politique, et le Danda-çâstra ou « Livre de châtiments », le code pénal (17, 19, 22). Il est probable qu'ils appartiennent aux sections du tableau ci-dessus, numérotées 13 et 14, qui doivent comprendre un nombre considérable de légendes, d'histoires et de préceptes moraux. Le Niti-çastra, cité également, ne doit pas différer du Râja-nîti [1], de même que le Danda-çastra est aussi appelé Danda-nîti. Le 24ᵉ récit renferme une allusion au Jyotisha, l'un des Vedanga, qui ne porte pas de numéro dans le tableau ci-dessus. Il y est question d'un signe céleste interprété comme annonçant la famine; c'est en effet un ouvrage d'astronomie et d'astrologie. Nos récits parlent aussi deux fois (21 et 28) d'un livre, intitulé Sâmudraka-çâstra, qui énumère, décrit et explique 20 signes susceptibles de se trouver sur le corps d'une personne et servant à indiquer sa condition. Parmi ces signes on cite l'étendard, le diamant (ou la foudre) et l'aiguillon, sans en dire la valeur. La marque du lotus sous le pied droit annonce la royauté; mais le signe du « pied du corbeau » à l'arrière du palais, détruit les effets de cet indice favorable. Le signe appelé « réseau du mantra d'or », au

---

[1]. On pourrait admettre que le *Niti-çâstra* est un livre de morale à l'usage des particuliers, tandis que le *Râja-nîti* serait un livre de politique à l'usage des rois : mais le texte semble parler de ces deux ouvrages comme s'il n'y avait entre eux aucune différence.

flanc droit, à l'intérieur du corps, est le signe de la royauté. C'est celui que possédait Vikramâditya, car il ne portait sur son corps aucun signe extérieur qui décelât la royauté. Sous quelle rubrique ce livre doit-il être mis? Apparemment sous la quinzième, la première des sciences du visible, l'Ayur (médecine), la science de la vie.

§ 6. — LA VIE

Quel prix faut-il attacher à la vie? — Au premier abord, il semble que la vie soit le plus précieux des biens. On peut perdre sa femme, ses enfants, ses biens, et les remplacer par d'autres; la vie ne se remplace pas. Le Niti-çâstra enseigne quelque part (peut-être y a-t-il quelque endroit où il soutient le contraire) que toutes les préoccupations, toutes les méditations doivent tendre nécessairement à la conservation du corps (19); la vie serait donc le plus précieux des biens. Mais on a vu tout à l'heure que la science lui est supérieure. Sans la science, la vie est inutile (20), et un père doit désirer de voir son fils privé de vie plutôt que de science

(8). — Il y a encore une chose supérieure à la vie, c'est la mort pour le bien d'autrui : on a beau garder son corps avec soin, la mort viendra un jour; or, si l'on quitte cette vie pour rendre service à un de ses semblables, c'est une mort excellente. Ainsi la vie a plus ou moins de prix, selon les choses auxquelles on la compare ; en tout cas, elle n'est point le premier des biens.

§ 7. — LES PLAISIRS

Quelques-uns disent que, dans le monde, la chose essentielle est la science. — D'autres disent : la chose essentielle, c'est une jeune et belle femme, et l'abondance de jouissances. — Ainsi voilà deux tendances opposées : la science et le plaisir. Le plaisir n'est pas défini, ou plutôt il l'est par ce qui en est le point culminant, la possession d'une belle femme. C'est là le premier des plaisirs, le principal; mais il y en a d'autres; nous ne les énumérerons pas ici, nous les trouverons indiqués dans les divers points que nous avons à considérer, en particulier dans le chapitre du vice; car, comme on le verra, le vice n'est en grande partie que l'amour du plaisir.

§ 8. — LES RICHESSES

Les richesses ne sont pas le plaisir; mais, par le moyen qu'elles offrent de se procurer toutes les jouissances, elles se confondent presque avec lui. On peut, comme bien d'autres choses, les envisager diversement, soit en bien, soit en mal.

C'est la richesse qui fait la grandeur de l'homme. La richesse vient de Laxmî; tout est soumis à Laxmî. Vishnu n'est devenu le suprême seigneur qu'en subjuguant Laxmî. Remarquez l'identification de Laxmî, déesse de la fortune, avec la richesse; nous nous rencontrons avec les Hindous en attribuant au mot « fortune » le sens de « richesse ». La richesse se confond avec Laxmî, la fortune; il faut en prendre grand soin et ne pas la dissiper (11). Ainsi raisonne l'ami des richesses.

Ne pas dissiper ses richesses, c'est fort bien! Mais la richesse est essentiellement instable; elle vient, elle s'en va. Comment et pourquoi? Nul ne le sait. On a beau faire, la richesse se dissipe et coule entre les mains. Ainsi parle l'homme qui n'a pas d'attachement pour la richesse, et surtout le prodigue qui ne sait pas la garder (3 et 11).

La privation de richesses est un grand malheur. Quand un riche a perdu ses biens, voisins et parents le délaissent; la vie la plus dure dans un affreux désert est préférable pour un homme dans cette situation à la continuation de la résidence dans le lieu qu'il habitait (11).

Que faut-il donc penser des richesses? On a vu plus haut que la science leur est supérieure; on peut les perdre, tandis qu'elle, on la conserve toujours. Mais est-ce à dire que la science suffise et que les richesses soient inutiles? L'auteur de nos récits ne se prononce pas sur la question. Il semble admettre que la richesse est un avantage précieux et désirable, mais qu'il faut ne pas trop y tenir et savoir s'en détacher. Seulement dans quelle mesure doit-on le faire? Quelle conduite tenir à l'égard des richesses? Là est la difficulté.

La vie de Vikramâditya semble être donnée comme un exemple du détachement des richesses ; il distribue les siennes à tort et à travers ; il est vrai qu'il en avait en abondance. Il prend à pleines mains dans une mine inépuisable et jette comme au hasard ses trésors incessamment renouvelés. Nous avons quelque peine à tirer de ce flux de libéralités un enseignement sérieux sur le bon emploi des richesses. Les fantaisies de l'imagination indienne, les exagérations extravagantes de ses fictions et de ses conceptions morales étouffent la voix du bon sens et altèrent l'idée du bien.

§ 9. — FATALITÉ, ACTIVITÉ

Nous avons vu tout à l'heure que les richesses viennent et s'en vont en dépit des efforts de l'homme aussi incapable de les attirer que de les retenir. Cet argument est mis dans la bouche de Vikramâditya et surtout d'un jeune prodigue. La question de l'instabilité des richesses et de la fortune se lie à une question plus vaste, celle de la fatalité. Le bonheur et le malheur nous arrivent-ils infailliblement, quoi que nous fassions ? Et n'avons-nous qu'à nous croiser les bras en attendant les arrêts du sort? La question est agitée à propos d'un monarque détrôné par ses sujets, chassé de son pays, élu roi dans un autre sans aucun effort de sa part, attaqué par l'ennemi dans sa nouvelle capitale, jouant aux dés pendant qu'on travaille à sa ruine, restant néanmoins maître de ses Etats, et conservant ainsi sans souci ce qu'il avait acquis sans travail. Vikramâditya conclut de là que rien ne peut arrêter le cours du destin, qu'il est donc bien inutile de faire des efforts en pure perte; mais un docteur lui oppose le Nîti-çàstra qui fait à l'homme un devoir de lutter contre la fortune, contre le destin, et de déployer constamment toutes les énergies qu'il a en lui (13).

§ 10. — UN ROI PEUT-IL VOYAGER ? — DU DEVOIR QUI LUI INCOMBE

La question qui vient d'être examinée avait été posée à l'occasion des voyages du roi. Vikramâditya voyage beaucoup : ses excursions, à la vérité, ne sont pas longues; il a des chaussures magiques qui lui font faire en peu de temps bien du chemin, et il est si déterminé qu'il achève promptement ses entreprises. Mais ses voyages, s'ils ne sont pas longs, sont très fréquents; pour un « oui », ou pour un « non », il se met en route; et on le voit sans cesse hors des frontières de ses Etats. Deux fois on lui en fait un reproche; la première (13), il répond en alléguant la fatalité; c'est l'argument dont nous avons parlé tout à l'heure; la seconde fois (21), il oppose à la négligence dont on l'accuse le respect de la loi. Un roi a beau être vigilant, s'il est injuste, sa puissance périra; mais, quand bien même un roi serait négligent, s'il est juste, ses Etats prospéreront. D'ailleurs, c'est l'amour de la loi qui pousse Vikramâditya à voyager. Tel est donc l'argument : la loi ou la justice est de force à compenser et annuler les mauvais effets de la négligence. Inutile d'insister sur l'exagération manifeste de cette théorie. Il est beau d'avoir foi dans le triomphe de la justice. Mais tous les devoirs se tiennent, tous sont indispensables, et la négligence est un vice dont les conséquences désastreuses sont inévitables.

§ 11. — LES 18 VICES

La négligence, dont il vient d'être question, est un vice. Cependant je ne la trouve pas expressément citée dans la nomenclature des vices que nous offre le récit même où se trouve l'argumentation dont nous parlions tout à l'heure. Ces vices sont au nombre de 18, nombre choisi probablement pour faire opposition aux 18 sciences, quoiqu'on ne puisse songer à mettre les 18 vices et les 18 sciences en regard les uns des autres. Les 18 vices se classent aussi sous deux catégories, l'amour et la colère; il y en a 10 de la première et 8 de la seconde. L'énumération des dix vices procédant de l'amour revient à peu près à une énumération des diverses sortes de plaisirs. Voici la liste des 18 vices :

Amour.

1. Passion de la chasse.
2. Passion du jeu de dés.
3. Sommeil de jour.
4. Esprit de dénigrement.
5. Amour des femmes.

6. Egoïsme.
7. Passion de voir les danses.
8. Passion d'entendre les chants.
9. Passion d'entendre les instruments.
10. Promenade au hasard et sans but.

Colère.

11. Malignité.
12. Esprit d'hostilité non motivée envers les gens de bien.
13. Désir de tuer des gens inoffensifs.
14. Impatience de l'éloge d'autrui.
15. Tendance à découvrir des défauts dans les qualités des gens supérieurs.
16. L'action d'enlever frauduleusement aux autres leur bien.
17. Le refus de faire les dons nécessaires.
18. Le blâme d'autrui.

Il y aurait bien des remarques à faire sur cette énumération, je me borne à quelques-unes. Pourquoi le quatrième article et même le sixième n'ont-ils pas été placés dans la deuxième catégorie? Je suis étonné de ne pas trouver dans cette énumération l'amour de la bonne chère et des liqueurs enivrantes, des liqueurs enivrantes surtout prohibées par tant de textes formels. Parmi tous ces vices, il en est un sur lequel je dois m'arrêter un instant, la passion du jeu de dés. On sait quel rôle terrible il joue dans le Mahâbhârata [1] : mais il en est plus d'une fois question dans nos récits : c'est même à l'occasion d'une série indéfinie de parties de dés que l'énumération des 18 vices est faite à un roi qui perdait joyeusement son royaume. Le récit 26 est spécialement consacré au jeu. Un homme magnifiquement vêtu se livre à un bavardage désordonné : le roi en conclut que c'est un méchant homme et un homme mal élevé. — Notons à ce propos que le bavardage n'est pas compris dans les 18 vices ; il aurait pourtant bien pu prendre la place d'un des 10 vices nés de l'amour qui semblent n'être qu'un double ou une redite. — Le bavard du récit 26 est un joueur qui se montre de nouveau le lendemain couvert de haillons : il avait perdu. Vikramâditya exprime un blâme énergique ; il met sur le même plan le joueur, le mendiant et l'ascète aussi misérables les uns que les autres. Le joueur censuré réclame en faveur du plaisir que cause

---

[1]. Le Mahâbhârata est le récit d'une guerre formidable par laquelle les fils de Pandu recouvrent leur empire perdu dans une partie de dés.

le jeu et que ne peuvent ressentir ceux qui ne s'y livrent pas. Le roi ne se laisse pas convaincre ; il n'en condamne pas moins le jeu dont les conséquences désastreuses sont visibles dans la personne même du joueur qu'il a sous les yeux et obtient de lui qu'il renonce à son vice. Mais ce succès n'est dû ni à l'éloquence du roi, ni à la force de ses raisons ; elle résulte uniquement d'un service que le roi, grâce à sa puissance surnaturelle, a pu rendre au joueur.

§ 12. — VERTUS POPULAIRES. — CASTES ; MARIAGE ; VEUVAGE

Après les vices, étudions les vertus, non pas les vertus royales, les vertus sublimes de Vikramâditya qui ont déjà été passées en revue, mais les vertus vulgaires des simples particuliers, les vertus populaires. Nous ne pouvons les détailler par le menu, car elles sont seulement indiquées en gros, d'une manière un peu vague. Deux fois (6 et 17) on nous trace le tableau d'un peuple bien gouverné et vertueux à l'instar de son roi. Voici les énumérations de ces qualités morales que nous pensons pouvoir appeler avec raison les vertus populaires :

6

Chacun *pratique les devoirs de sa caste* sans commettre de transgression.
On observe ponctuellement les préceptes des Çâstras.
On ne met pas sa satisfaction dans l'injustice.
On fait toujours des efforts pour *s'entr'aider.*
A la fin de la vie, on ne tient pas des discours menteurs, et *on médite par la science sur l'âme suprême.*

17

On se plaît dans la vertu.
Les femmes n'ont de rapports qu'avec un seul homme.
On se détourne du mal.
On s'attache à la loi.
On persévère dans l'observation des Çâstras.
On respecte les hôtes.
On *se conforme aux ordres des père et mère, du roi,* etc.
On suit une *morale conforme à la science de l'âme suprême.*

Ces deux énumérations parallèles peuvent se compléter par une énumération négative (récit 24) :

Nulle transgression du Nîti-çastra; — nulle oppression des créatures, même en songe; — nul obstacle à l'accomplissement des actions vertueuses; — *point d'injures aux Brahmanes; — point de violences* contre les créatures; — point de châtiments injustes; — nulle recherche de ce qui n'est pas bien; — point de mauvaise conduite; — *point de brisement des images des divinités;* — point de cause d'inquiétude pour les gens de bien; — point de trangression des lois établies par les Çâstras.

J'ai souligné les prescriptions positives et précises de ces énumérations, où nous pouvons noter : l'obéissance au roi, aux père et mère, mis sur le même rang; — le soin des hôtes; — l'assistance mutuelle; — le respect de la division des castes et le respect particulier dont les brahmanes sont l'objet; les relations sexuelles de chaque femme avec un seul homme; — enfin le respect des objets religieux et, en particulier, des images des dieux. Tels sont les traits saillants de cette morale vulgaire; il en est deux sur lesquels nous nous arrêterons un instant : le respect de la distinction des castes et l'honneur rendu aux brahmanes; le devoir et la condition de la femme.

Il n'est pas fort souvent question de la division par castes dans ces récits; et il est assez rare qu'on fasse connaître les castes respectives des personnages mis en scène, autres que le roi, ses conseillers et les individus qui l'approchent d'ordinaire. Néanmoins le respect dû aux brahmanes et les privilèges dont ils jouissent sont plusieurs fois notés (1-3-5). On les charge de l'accomplissement des cérémonies religieuses. L'un d'eux est, par erreur, déclaré coupable d'un crime qui entraîne la peine de mort : mais les conseillers du roi lui font observer que cette peine ne peut être exécutée à cause de la qualité de brahmane du condamné; et elle est commuée en celle du banissement. Malgré cela, les brahmanes ne jouent pas dans ces contes, le rôle éminent et exclusif qui leur est dévolu dans les écrits officiels. Les subtilités et la conduite intéressée de plusieurs d'entre eux sont hautement blâmées et les bienfaits du roi s'adressent souvent à d'autres qu'aux brahmanes, quoique ceux-ci soient toujours mis au premier rang dans les manifestations officielles de la munificence royale.

La condition des femmes nous retiendra plus longtemps. Une femme, nous dit-on, ne peut se donner qu'à un seul homme ; mais la réciproque n'est pas vraie : un homme peut fort bien prendre plusieurs femmes. Si le fait n'est pas énoncé comme un principe et un droit, il est démontré par plus d'un passage qui implique l'existence de la polygamie. Vikramâditya a, en effet, plusieurs femmes ; néanmoins, il y en a toujours une qui est la première épouse, quelquefois considérée presque comme une épouse unique ; et il ne manque pas de passages relatifs à l'union des sexes, où le narrateur parle comme si la polygamie lui était inconnue. Il y a plus ; on accorde aux femmes une certaine influence et parfois une sorte de supériorité intellectuelle. L'énumération des 18 vices cités plus haut est faite par une femme qui moralise son mari et lui fait la leçon, tout en partageant son vice, par passion ou par obéissance ; car tous deux jouent aux dés sans s'arrêter, pendant que l'ennemi assiège leur capitale. Il s'agit en effet, dans ce récit, d'un roi et d'une reine. La reine, tout en jouant, expose à son mari les inconvénients de sa conduite ; le mari n'en a cure, et continue de jouer : curieux exemple que celui de cette femme obéissant par faiblesse ou par devoir à son mari vicieux, en même temps qu'elle se montre docte et docteur! Le récit premier nous offre un exemple de l'influence exercée par la femme en raison de sa beauté, influence plus puissante que les raisonnements les plus solides; il s'agit d'un roi qui ne peut siéger dans son conseil sans avoir sa femme à ses côtés.

Quand il est dit que la femme ne peut se donner qu'à un seul homme, cette phrase doit être prise à la lettre et d'une manière absolue. Après la mort de celui à qui elle était unie, la femme doit lui rester fidèle et ne peut s'unir à un autre homme. On sait assez que les femmes indiennes, pour être plus sûres de ne pas trahir la foi conjugale, accompagnaient leur mari dans la mort. Cette grave question se trouve posée et résolue dans nos textes; il vaut la peine d'y insister.

Dès l'introduction, nous voyons Vikramâditya mourir laissant sa première épouse enceinte. Celle-ci laisse arriver le terme, puis, une fois délivrée, elle abandonne son enfant aux conseillers du roi qui l'élèveront, et « entre dans le feu », c'est-à-dire qu'elle se brûle pour partager avec son mari les jouissances du bonheur suprême. Ainsi la fidélité conjugale, comprise comme une immolation de la femme à l'époux décédé, passe avant les devoirs de la maternité.

Dans le récit 29, nous trouvons un cas analogue, mais non identique, qui donne lieu à une discussion en règle, qu'on pourrait intituler le « pour » et le « contre ». Il s'agit d'une femme commise à la garde du roi Vikramâditya, laquelle, se croyant veuve, entre aussi dans le feu par fidélité à son mari. Avant que le sacrifice soit consommé, le roi cherche à détourner la veuve de son projet; celle-ci répond. Et ainsi un débat sur le devoir des veuves s'engage entre ces deux personnages. Il est vrai que le roi déclare n'avoir eu d'autre but, en combattant le dessein de cette veuve inconsolable, que de mieux faire éclater sa fidélité; il n'en plaide pas moins contre le suicide.

Voici l'argument du roi : C'est la vie qui fait le lien entre les époux; quand la vie cesse, le lien est rompu; rien ne rattache plus les époux l'un à l'autre : la femme restée seule peut, à son choix, garder le célibat ou choisir un nouveau mari.

L'argumentation de la veuve est plus développée, mais repose sur un seul principe, l'indissolubilité du mariage. La femme ne doit pas abandonner son mari : l'union des époux est si étroite que la mort même ne peut la rompre. Le mari peut bien vivre sans la femme; mais la femme ne peut plus subsister sans le mari dont elle est devenue comme une sorte d'attribut. Elle n'a qu'un moyen de lui prouver son affection, c'est de le suivre quand il meurt. La femme pourrait, à la rigueur, survivre à son mari, mais à la condition de ne pas se remarier : or les tentations sont si puissantes, on est si exposée à devenir infidèle en restant en vie que mieux vaut observer la loi du sacrifice ordonné ou conseillé par les Çâstras.

Après avoir reproduit les arguments pour et contre le suicide des veuves, je reviens à l'épisode du récit 29. La femme se brûle, et le mari qu'on croyait mort reparaît, il réclame sa femme. Le roi raconte ce qui est arrivé; mais le mari n'admet pas ses excuses. Il exige que le roi, s'il ne peut rendre la femme qui lui a été confiée et dont il est responsable, donne en échange la reine sa propre femme; et le roi s'exécute, il livre la reine. On ne nous dit pas comment cette rupture de l'union du roi et de sa femme se concilie avec le principe de l'indissolubilité proclamé plus haut. Il faut conclure de là que le mari a le droit de rejeter sa femme, mais que la femme ne peut se séparer de son mari que si elle a été rejetée par lui, et si la situation nouvelle dans laquelle elle entre lui est imposée par son mari.

Si nous réunissons toutes ces données, nous pouvons poser pour la condition des femmes les principes suivants : un homme peut s'unir à plusieurs femmes ; — une femme ne peut s'unir qu'à un seul homme. En cas de pluralité d'épouses, il y en a généralement une qui est la première ; — une femme peut subjuguer son mari jusqu'à le dominer même en public ; — une femme peut avoir de l'instruction au point de morigéner son mari. — Le mariage est indissoluble ; — la veuve qui se remarie est infidèle. — Une veuve peut rester en vie après la mort de son mari, à la condition de ne pas se remarier ; mais c'est bien dangereux. — Le meilleur moyen pour une veuve de rester fidèle, c'est de se brûler. — Un homme peut, dans certains cas, livrer sa femme à un autre.

Il y aurait bien des réflexions à faire sur ces divers points. Nous ne le pouvons : ce serait tout un traité à entreprendre. J'ajouterai seulement que l'infamie dont se couvre la veuve infidèle est corroborée par le récit 23e, où nous voyons deux brahmanes, dont la sœur veuve est devenue enceinte des œuvres d'un génie souterrain, quitter la ville pour aller cacher au fond des déserts la honte qui rejaillit sur eux du crime de leur sœur.

§ 13 — LES NEUF RASA (« GOUT, SAVEUR »)

L'amour et la *colère*, qui sont les deux racines des 18 vices énumérés dans le 21e récit, se trouvent incorporés dans une autre énumération avec d'autres passions ou sentiments qui ne sont pas tous blâmables; je veux parler de l'énumération des neuf *Rasa*, qui revient assez fréquemment dans les livres indiens, et semble être une tentative de dénombrement et de détermination des diverses affections de l'âme. Ils deviennent, dans le 21e récit, le sujet d'une fiction bizarre : un personnage obtient la manifestation, et, pour ainsi dire, la matérialisation de ces 9 Rasa qui sont : l'amour, l'héroïsme, la compassion, l'étonnement, la gaieté, l'épouvante, l'aversion, la colère, le calme. — Inutile d'insister ici sur cette classification psychologique qui ne joue dans notre recueil qu'un assez faible rôle.

IV. — MAGIE

§ 14. — CHAUSSURES MAGIQUES ET TRANSFORMATIONS

De la morale nous passons à la religion. Mais nous rencontrons sur notre chemin des éléments spéciaux qui se rattachent à la religion et ne sont pas étrangers à la morale, sans appartenir véritablement soit à l'une, soit à l'autre. Je veux parler du merveilleux et de la puissance magique qui est la récompense de la vertu et nous transporte dans un monde fantastique dont les héros et les scènes imaginaires se combinent d'une étrange manière avec les personnages et les événements du monde réel. Nous tâcherons d'énumérer en les groupant le mieux possible, mais sans prétendre ici plus qu'ailleurs à une classification irréprochable et complète, les manifestations magiques dont quelques-unes reviennent fréquemment.

Nous avons déjà parlé des chaussures magiques avec lequelles Vikramâditya fait rapidement des excursions lointaines : elles ont, sans doute, donné naissance à nos « bottes de sept lieues ». Les joyaux merveilleux sont un des procédés les plus usités de l'auteur de nos contes. Dès l'introduction, un fruit magique qui affranchit de la maladie et de la mort fait son apparition. Le même fruit ou son analogue reparaît dans le neuvième récit. Dans le troisième, nous voyons quatre joyaux donner respectivement des mets, des richesses, une armée, des ornements. D'après le vingtième récit, huit autres joyaux donnent la réalisation de ce qu'on a dans l'esprit, des mets, une armée, la divinité, les chaussures magiques, la faculté de tout immobiliser, l'omniscience, le contentement parfait. L'objet appelé Mûlikâ (12e récit) permet d'obtenir tout ce qu'on désire. Deux autres objets, Rasa et Rasâyana (récit 17), assurent également la possession et la jouissance de tous les biens, Rasa, celles des biens extérieurs, Rasâyana celle des biens spirituels, des biens du monde supérieur. Le 19ᵉ réc'. nous entretient de trois talismans, Kanthâ, Khandika, Danda; le premier procure des richesses et des ornements, le deuxième une armée, le troisième rend la vie à un corps mort. Dans les récits 13 et 32, il est question de l'incomparable joyau Cintamani. Nous pouvons ranger parmi les joyaux le Siddhi-mantra de Sarasvatî cité dans le 8ᵉ récit, quoique les mantras soient non des joyaux, mais des paroles d'une vertu magique. Sarasvatî est la déesse de l'éloquence. Son Siddhi-Mantra (Mantra de la réussite) fait obtenir les 18 sciences. Ainsi l'acquisition de la science elle-même est l'objet d'opérations magiques! Ce Siddhi-Mantra et Sarasvatî dont il émane nous rapprochent des traditions classiques, comme deux autres talismans bien connus Kâmadhenu (25) « la vache du désir » qu'il suffit de traire pour voir tous ses souhaits réalisés, et l'Amrita, le breuvage d'immortalité, employé comme une sorte de cordial pour faire reprendre connaissance à ceux qui sont à bout de forces et par lequel une armée entière tombée en léthargie recouvre sa vigueur (23).

Nos récits décrivent des scènes fantastiques dues à la puissance magique dont sont doués certains personnages : au récit 25, deux divinités, pour éprouver Vikramâditya, prennent l'une la forme d'une vache, l'autre la forme d'un tigre. Les scènes du récit 29 auxquelles nous avons fait allusion en parlant du devoir des veuves : cette veuve qui se brûle croyant son mari mort, ce mari qui réclame sa femme, tout cela est imaginaire, et résulte d'une fantasmagorie produite à l'aide du talisman appelé la « science du réseau d'Indra ». L'armée avec laquelle Çâlivâhana soutient les efforts de Vikramâditya est aussi une apparition fantastique. La grotte où Vikramâditya acquiert les talismans Rasa et Rasâyana (17), le palais où tombe une pluie d'or (30) semblent être, quoiqu'on ne le dise pas, des effets de la magie. Enfin notons, parmi les plus curieux effets de cette puissance si souvent mise en action, la matérialisation, l'apparition sous forme concrète de certaines abstractions, savoir : des neuf sentiments (21) dont il a été parlé ci-dessus et des vertus de Vikramâditya qui l'abandonnent, puis reviennent à lui (31).

§ 15. — ÊTRES SURHUMAINS

A la magie se rattache, en partie, l'existence de personnages qui nous sont décrits dans des conditions extraordinaires, par exemple : l'homme et la femme du 6ᵉ récit, décapités et rappelés à la vie ; l'homme blessé, soigné par Vikramâditya et qui expire en lui remettant un talisman (12), — la Rânî dont on acquiert la possession en sautant dans un bassin d'huile bouillante (14). Ces détails conviennent bien à la physionomie populaire de nos récits ; la nature des personnages est quelque peu ambiguë. Mais il en est d'autres qui rentrent dans la nomenclature des êtres surhumains figurant d'ordinaire dans les livres classiques de l'Inde ; tels sont les Nâgas, les Yaxas et les Raxasas.

Les Nâgas sont des serpents qui vivent sous terre dans les eaux, et ont le pouvoir de se transformer. Les huit jeunes filles du récit 20ᵉ qui sont autant de perfections, passant la nuit en prières auprès d'un autel et le jour au fond d'un lac dans leur ville de Pâtâla, appartiennent à cette race. La même race reparait au récit 13e; Çâlivâhana, l'adversaire de Vikramâditya, est fils d'un Nâga ; c'est par le pouvoir magique dont il est armé en cette qualité qu'il fait apparaître une armée imaginaire, et il se sert du venin qu'il tient de son père pour empoisonner l'armée de Vikramâditya; mais voici que le roi des Nâgas, Vâsuki, guérit les malades. Ce récit nous montre donc la guerre, ou, tout au moins, la rivalité dans la race des Nâgas.

Les Yaxas ne paraissent qu'une seule fois dans ce recueil, et ils ne sont pas dépeints avec leurs traits caractéristiques. Ceux dont il s'agit sont d'anciens poissons qui témoignent leur reconnaissance à celui qui les avait jadis sauvés de la mort, en employant leur puissance surnaturelle pour le sauver d'une catastrophe.

Quant aux Râxasas, ils paraissent plusieurs fois dans nos récits, toujours avec leurs habitudes de violence, de brutalité et d'anthropophagie. Le premier, Durjaya, de Kanci, tient captive la jeune Naramohinî, et s'en sert pour amorcer les étrangers : tous ceux qui sont séduits par les charmes de la jeune fille tombent sous la dent du monstre (8); le deuxième mange chaque jour un homme, le troisième, anonyme comme le précédent, opprime une femme qu'il bat à tour de bras. Vikramâditya tue le premier de ces monstres et le troisième; quant au deuxième, il l'adoucit en s'offrant à lui comme pâture, et le force ainsi de renoncer à ses habitudes perverses.

Les Nâgas, les Yaxas, les Râxasas sont familiers à la littérature classique de l'Inde; les Vetâlas le sont beaucoup moins. Il semble que ce qui se rapporte à eux appartienne davantage aux croyances populaires. Ils sont dépeints tantôt comme une race puissante et féroce, tantôt comme des génies qui hantent les cimetières. Dès l'introduction, cette race se fait connaître par les exploits du Vetâla Agni, antropophage, glouton, qui sait tout, qui peut tout, et dont le roi, par son courage et sa fermeté, a obtenu l'amitié. C'est lui qui est le héros ou plutôt le narrateur des vingt-cinq contes du Vetâla. Le Vetâla est donc, de ce chef, inséparable des 32 récits du trône. A cela près, il n'est pas très souvent question de Vetâlas; mais, chaque fois qu'on en parle, c'est pour donner l'idée de la plus grande atrocité ou du pouvoir merveilleux le plus étendu. C'est à eux qu'on attribue les sacrifices humains; d'après le récit 27, il existe une ville de Vetâlas où de tels sacrifices se célèbrent; et Vikramâditya les fait cesser. La fantasmagorie du récit 29°, l'apparition de cet homme imaginaire qui meurt pour reparaître peu après et de cette femme, non moins imaginaire, qui se brûle, croyant être devenue veuve, est l'œuvre d'un Vaitâlika, c'est-à-dire d'un homme de la race des Vetâla, ou d'un disciple des Vetâla, qui se présente devant le roi armé d'une canne (une baguette magique!) et accomplit ce prodige dont l'unique résultat est de mettre en relief l'abnégation de Vikramâditya. Le narrateur semble avoir voulu montrer par l'intervention des Vetâla que la plus grande puissance magique comme la plus grande férocité sont employées à faire éclater les vertus du roi.

V. — RELIGION

Nous abordons maintenant la religion à laquelle l'étude des êtres surhumains servait naturellement de préface. On peut distinguer dans une religion diverses parties : les croyances qui la constituent, le principe qui lui sert de base, la morale qui en découle, les pratiques qu'elle prescrit pour le culte. Nous n'avons pas l'intention d'étudier à fond ces différents points : nous voulons seulement toucher quelques-uns d'entre eux.

§ 16. — CROYANCES VULGAIRES

Il serait difficile de tirer de nos récits un corps complet de croyances. Mais il est aisé de voir qu'ils supposent partout l'adhésion non discutée aux croyances et aux enseignements du brahmanisme. La guerre des dieux et des Dânavas leurs adversaires, le barattement de la mer, le triomphe de Vishnu sont rapportés et proclamés. Nârâyana (qui est Vishnu) est adoré une seule fois. Devî est invoquée dans l'introduction par Bhoja qui a trouvé le fameux trône, et, dans le récit 32, par Vikramâditya qui obtient d'elle la cessation de la famine. Cette Devî est identifiée à Parameçvarî, qui suppose Parameçvara. Parameçvara se confond avec Içvara dont la vénération est recommandée plusieurs fois Tous ces noms se rapportent à Çiva. Nous trouverions donc dans nos contes Vishnu et Çiva, ce qui suppose une sorte de conciliation entre les deux divinités rivales. Mais les divinités ne sont ni fréquemment, ni clairement citées; les récits du trône n'ont point un caractère bien accusé, soit dans le sens du çivaïsme, soit dans le sens du vishnuïsme. Ils s'occupent peu des grandes divinités du Panthéon brahmanique, ils aiment mieux s'attacher à de menues divinités qui peut-être ne sont guère plus réelles (je parle en me plaçant au point de vue hindou) que les noms de lieux et les autres particularités notées dans les différents contes, mais qui du moins, nous paraissent représenter fidèlement les objets de l'adoration populaire. Car nous n'avons point à faire ici aux leçons officielles du brahmanisme; il s'agit de contes composés pour la foule. Or, elle doit y retrouver, sous une forme mythique qui semble la transporter dans un monde de fantaisie, l'image de ses préoccupations habituelles. Peu importe que telle divinité citée dans les contes n'existe pas plus que le lieu où son autel est censé établi, pourvu qu'elle ressemble à telle divinité dont le lecteur indigêne a pu visiter la résidence. Or nous croyons que nos 32 récits nous dépeignent assez fidèlement ce culte populaire.

§ 17. — CULTE

Les actes du culte ne sont pas minutieusement décrits, ni même énumérés méthodiquement; mais ils sont assez fréquemment cités pour qu'on y reconnaisse les cérémonies habituelles du brahmanisme. Les prières, les invocations, les divers ordres de sacrifices (yajna-homa-bali-pujâ), les visites aux étangs sacrés sont plusieurs fois mentionnés; la célébration des rites védiques est aussi rappelée dans certaines circonstances.

Ce qui est dit au récit 24, qu'on *ne brise pas les images des divinités* sous le règne de Vikramâditya, pourrait donner lieu de supposer qu'il aurait existé des sectes iconoclastes. Mais il est probable que cette affirmation est relative, non à des débats religieux, mais simplement à la bonne police entretenue par le roi. Les brisements d'images auxquels il est fait allusion sont, sans doute, des profanations vulgaires, comme il peut s'en commettre partout, en dehors de toute préoccupation religieuse. Si la mention de ces actes de destruction devait être rapportée à des faits de l'histoire religieuse, on ne pourrait guère y voir qu'un souvenir des excès qui ont pu signaler les invasions musulmanes ; mais rien ne nous autorise à donner à cette hypothèse un caractère précis.

Ce qui nous paraît le plus remarquable dans les assertions du narrateur, relativement au culte, c'est l'inutilité de tous les actes religieux constatée plusieurs fois, notamment dans le récit 24 ; ils sont impuissants à conjurer la flamme ; le sacrifice seul de la vie est signalé comme ayant cette efficacité. Nous avons déjà noté la répétition fréquente de cet acte important dont Vikramâditya abuse évidemment, peut-être parce qu'il sait bien, par expérience ou autrement que, au bout du compte, son sacrifice ne lui coûtera pas bien cher et lui vaudra, dès cette vie, de belles récompenses. Il ne faut abuser de rien, et un homme qui tente vingt fois de se tuer ou qui se tue deux ou trois pour revivre aussitôt ne nous touche pas autant qu'un homme qui ferait une bonne fois et sérieusement le sacrifice de sa vie. Quoiqu'il en soit, la pensée qui paraît se dégager de ces récits, c'est que le sacrifice de la vie est l'acte religieux par excellence. Cet acte, par lequel un homme quitte volontairement la vie, ne doit pas être confondu avec celui qui consiste à immoler des hommes malgré eux. Il est question des sacrifices humains dans nos récits; mais ces actes odieux sont attribués à la race abhorrée des Vetâlas, et Vikramâditya y met fin; il est intéressant de retrouver dans nos récits cette mention des sacrifices humains. On a agité la question de savoir si les Indiens avaient effectivement pratiqué cette horrible coutume, et le résultat des recherches a été affirmatif. Que les Indiens les aient ou non pratiqués eux-mêmes, il est certain qu'ils en ont conservé le souvenir, et ce trait de nos récits, comme beaucoup d'autres apparemment, doit se rattacher à de bien anciennes traditions. En résumé, l'effusion du sang humain, d'un sang expiatoire revient sans cesse dans nos textes ; et nous comprenons ainsi comment l'inextinguible manie des immolations volontaires et des sacrifices humains (je prends ce terme dans le sens le plus large), s'est perpétuée chez les Hindous de génération en génération.

Parmi les pratiques religieuses, il ne faut pas oublier celles qui sont spéciales à certains individus visant à une grande supériorité morale, les Yogis, appelés aussi Sannyasi et Siddhi. Nos récits ne font pas de différence entre ces trois termes. On peut voir dans Manu [1] la description du Sannyasi. Nous dirons seulement ici que le Yogi est celui qui, aspirant à la perfection, la cherche dans l'identification, l'union intime (Yoga), avec l'être suprême et renonce à toutes les satisfactions d'ici-bas. Le Yogisme éveille l'idée de la perfection. Or nos contes mettent en scène sept de ces yogis, sur lesquels il y en a quatre qui sont plus ou moins méprisables. Voyons d'abord les meilleurs. Celui du récit 9e réalisait vraiment l'idéal poursuivi; il refuse de se rendre à l'injonction du roi qui l'a mandé près de lui : Vikramâditya, reconnaissant la correction de ce procédé qui pouvait paraître blessant à l'égard du souverain, va le trouver lui-même et reçoit un talisman en don. Celui du 13e récit blâme l'humeur voyageuse de Vikramâditya, lui raconte à ce sujet une histoire instructive et

1. Livre VI.

combat ses idées sur la fatalité. Celui du 19ᵉ, reconnaissant, à la seule vue de Vikramâditya tous les mérites dont il est doué, lui donne trois talismans. Il y a incontestablement des Yogis recommandables et dignes de leur profession; mais tous ne sont pas aussi sages et aussi généreux que ceux dont nous venons de parler; et les Yogis de l'Inde comme les moines et les prêtres européens du moyen-âge, nous sont plus d'une fois dépeints sous des traits peu favorables. Celui de l'introduction est un misérable prêt à commettre tous les crimes, pour gagner l'homme d'or; Vikramâditya lui tranche la tête. Celui du 2ᵉ récit s'est adonné à des mortifications pénibles pendant un grand nombre d'années, sans obtenir aucun succès; il n'y apportait pas les dispositions d'esprit convenables : il finit par être exaucé, mais ne le doit qu'à l'intervention de Vikramâditya Celui du 5ᵉ récit est dans un état analogue, mais plus caractérisé; il ne croit pas à la vertu des actes qu'il accomplit, il regrette les jouissances auxquelles il a renoncé : Vikramâditya, informé de son état, le prend en pitié, ne voit en lui qu'un malheureux, fait en sa faveur des prodiges de libéralité, et lui assure ces jouissances auxquelles il avait dit adieu pour chercher un état supérieur qu'il n'avait pu trouver. Enfin, le Yogî du récit 32ᵉ est un franc incrédule qui discute avec le roi et finit par se laisser convaincre, mais seulement après avoir vidé l'arsenal de l'incrédulité. Ces diverses peintures défavorables du Yogisme ont, sans doute, été faites pour glorifier le roi, plutôt que pour flétrir les solitaires voués à la contemplation; elles nous montrent cependant que les façons des Yogis n'en imposaient pas au peuple, qu'en Inde comme en Europe, l'habit ne fait pas le moine; qu'il y avait de bons Yogis et qu'il y en avait de mauvais; qu'on savait fort bien les discerner, et que si les bons obtenaient des éloges mérités, les autres ne pouvaient pas se dérober au fouet vengeur de la satire.

§ 18. — CROYANCES FONDAMENTALES

Au-dessus des pratiques du culte, au-dessus des formes extérieures, et même des croyances secondaires qui forment le système mythologique, se place le sentiment religieux, le sentiment du divin dans ce qu'il a de plus intime et de plus élevé. Recherchons dans nos contes la trace de cet élément.

La première que nous rencontrons ou qui nous semble mériter l'attention est la sanction morale ou plutôt l'existence d'un état futur heureux ou malheureux, en rapport avec les actions bonnes ou mauvaises des hommes. Pâtâla et Naraka sont les noms des lieux où le mal est puni (Intr., 1, 20, 25), Svarga celui du lieu où le bien reçoit sa récompense (Intr , 1, 20, 25). Ces noms sont bien connus; il est tout naturel de les retrouver dans ces contes qui sont ici tout à fait dans le courant de la pensée indienne. Mais le sort fait aux habitants du Pâtâla et du Naraka et à ceux du Svarga est-il définitif? La réponse à cette question est douteuse d'après la dogmatique indienne qui flotte entre le oui et le non. On conçoit donc que nos récits ne soient pas propres à nous donner sur ce point une solution précise. Nous voyons, dans l'introduction, Vikramâditya et sa rânî, qui le suit de près, aller droit dans le Svarga tout de suite après leur décès; nous ne savons pas s'ils y sont pour toujours. On nous dit ailleurs que les méchants endurent des souffrances pendant plus de mille naissances : mais qu'arrive-t-il après ces mille naissances, ou ce nombre indéfini de naissances? Nous ne le savons pas; et rien ne nous le fait préjuger. Ce qui est certain, c'est que cette donnée se rapporte à la transmigration des âmes, à la théorie des existences successives.

La transmigration des âmes est, en effet, le dogme fondamental des Hindous, et il est l'écueil de leur dogmatique parce qu'on ne sait par quel moyen mettre un terme à ce renouvellement constant de l'existence. Le grand problème religieux de l'Inde consiste précisément à trouver et déterminer ce terme. Ce n'est pas de nos contes que nous devons en attendre la solution. Tout ce que nous pouvons dire, c'est que, sans parler aussi fréquemment de la transmigration des âmes qu'on eût pu l'attendre, ils la professent hautement et la supposent constamment. L'histoire des trois Yaxas qui témoignent leur reconnaissance à l'homme qui les avait sauvés de la mort pendant une sécheresse quand ils étaient poissons (13), nous montre des animaux et des animaux d'une espèce inférieure passant, dans une existence ultérieure, à la condition humaine. L'éloge de la science (8, 20) où il est dit que l'ignorant est assimilé à la brute et renaîtra comme une brute, nous montre, sans figure, l'homme destiné à renaître dans l'animalité. Enfin, le cadre même de nos récits nous offre un cas de transmigration étrange et rare, mais non sans exemple, celui d'êtres animés passés à l'état de matière brute, sans que leur individualité soit détruite. Les 32 figures du trône qui racontent les histoires de notre recueil sont des personnes réelles condamnées à l'immobilité et réduites à prendre la forme de statuettes pour expier une faute non expliquée et peut-être bien légère.

La succession des naissances et des conditions diverses appartient à l'ordre changeant de ce que les Hindous appellent le *samsâra* et qui est l'instabilité même ; il n'est pas sûr que le lieu des châtiments et celui des récompenses le Naraka (ou le Pâtâla) et le Svarga ne fassent pas partie de cette existence mobile. Il est même fort probable qu'ils ne s'en distinguent pas et que tout, le monde des vivants et le monde des morts, est emporté par le mouvement incessant du changement perpétuel. Est-ce à dire que toute existence soit vouée sans remède à la mobilité, qu'il n'y ait rien, absolument rien d'immuable? Nos récits et une partie de la philosophie indienne avec eux, semblent admettre un principe de ce caractère. Ils l'appellent « l'âme suprême »; la perfection, selon eux, consiste dans la « méditation de l'âme suprême » (6) dans une « morale conforme à la science de l'âme suprême » (17).

§ 19. — L'AME SUPRÊME

Quoique la cause première invisible, et saisissable seulement dans ses effets visibles, soit, au récit 28e, l'objet d'une mention claire et précise, mais incidente, introduite dans une comparaison, dans une simple phrase, et qui même peut-être pourrait faire soupçonner une influence musulmane nullement certaine d'ailleurs, c'est seulement dans le dernier récit, le 32e, que la question est traitée *ex professo*, dans un sens tout indien; il y est, en effet, parlé de l'âme suprême, et très longuement, sous forme de discussion, ce qui ajoute peut-être un nouveau charme à l'exposé et lui donne plus de saveur, mais lui prête en même temps un caractère spécial. Ce récit nous fait assister à un débat entre un Yogi incrédule et le roi Vikramâditya croyant : nous voyons la religion discutée, contestée, niée par un des hommes qui l'ont embrassée spécialement et font profession de la connaître mieux que les autres, et défendue par un roi qui peut avoir à remplir envers elle des devoir généraux de protection, mais qui n'a point précisément qualité pour plaider sa cause. L'étude de ce débat terminera notre étude sur les trente deux récits du trône.

Il s'engage à propos d'une des pratiques du bigotisme hindou, la visite aux étangs sacrés. Un sophiste incrédule et athée atteint de ce mal que le texte appelle « la négation des Piçâcas »[1] vient et tourne cette pratique en ridicule, il la déclare vaine et nie les mérites qu'on prétend en faire découler. Voici son argumentation :

Il n'y a dans un acte rien de plus que l'acte lui-même ; l'acte n'entraîne donc rien après lui. La dissolution du corps entraîne

---

[1]. « *Nâstikatâ piçâcî*. Les Piçâcas sont des monstres, des démons qui hantent les cimetières. On les regarde comme les patrons de l'incrédulité, de l'esprit de négation : *Nâsti-ka-tâ* « état de celui qui nie, qui dit : cela n'est pas »

la disparition du moi. Il ne peut donc y avoir ni Svarga ni Naraka; il n'y a pas davantage de justice et d'injustice invisible, ni de dieu existant par lui-même, conservateur et destructeur; ce dieu est une simple idée dont on ne peut prouver l'objet. — Il avait été dit au récit 29e que Dieu est une cause qu'on ne peut pas apercevoir, mais que l'on connaît par ses effets.

Toutes les négations du sophiste se lient les unes aux autres, sans précisément s'engendrer les unes les autres. Sa première proposition que l'acte ne laisse rien après lui est la négation d'une des idées les plus chères à l'esprit indien. Car on répète sans cesse que le fruit ou la conséquence d'un acte le suit comme l'ombre suit le corps. Or cette notion implique comme conséquence probable, sinon nécessaire, l'existence du Svarga et du Naraka. Ces deux négations du sophiste vont donc directement à l'encontre des notions les plus indestructibles de la pensée indienne; les autres, et surtout la dernière, sont moins choquantes, mais ne laissent pas que de heurter les esprits religieux.

Voici maintenant par quels arguments le roi répond à ceux du sophiste :

Un sourd ne s'entend pas parler : s'ensuit-il que sa parole n'existe pas? Il se trouverait donc dans cette situation singulière de faire connaître aux autres sa pensée par la parole et d'être persuadé qu'il ne dit rien, s'il ne veut s'en rapporter qu'au témoignage de ses sens; car son sens de l'ouïe ne lui fait percevoir aucun son. — Un homme s'est vu couper la tête en songe, il se croit décapité et, par conséquent, mort : néanmoins il se considère comme vivant. L'autorité des sens n'est donc pas la seule, ni la plus digne de foi. Si l'on veut ne s'en rapporter qu'à elle, il est des choses dont on ne peut se rendre compte, l'origine des êtres, par exemple. Nous n'allons pas nous imaginer que nous sommes tombés du ciel : il nous faut donc supposer des ancêtres que nous n'avons pas vus, mais dont l'existence ne saurait être douteuse. C'est par un raisonnement analogue qu'on arrive à conclure l'existence d'un être supérieur en qui et par qui tout existe. Tout a une borne, les choses matérielles comme les choses morales : qui les maintient dans leurs bornes? qui est la limite? C'est le Seigneur suprême, omniscient, maître absolu, se révélant par la série des effets, essence de toutes choses, témoin de toutes choses, saisissant tout, voyant tout, entendant tout, bien qu'il n'ait ni mains, ni yeux, ni oreilles, qui connaît tout et que nul ne peut connaître, qui est partout et que nul ne peut atteindre, qui n'a besoin de nul appui et sur qui tout repose, qui est toute bonté, intelligence, félicité.

Après ces définitions, qui sont correctes et dans lesquelles je ne vois aucun symptôme de panthéisme, il en vient d'autres qui sont de pures divagations panthéistiques. Ce Seigneur suprême, qui tout à l'heure était au-dessus de toutes les existences, se trouve avoir maintenant quelqu'un ou quelque chose au-dessus de lui. Il est l'œuvre, le produit de Mahâmayâ (« la grande magie ») la cause et l'effet, la racine et le produit. Ce monde, simple effet de sa puissance, n'est qu'un songe. Sa force vient du grand Sommeil (!). Voilà pourquoi n'ayant ni qualité (distinctive), ni activité (déterminée), étant par sa nature toute bonté, intelligence, félicité, il possède l'omniscience et toutes les qualités.

Je ne suis pas parfaitement sûr, je l'avoue, de comprendre ce passage énigmatique ; mais je ne crois pas qu'on puisse y trouver autre chose qu'une définition panthéiste de l'Etre suprême, opposée à celle qui précède et qui me semble de nature à satisfaire les théistes les plus ombrageux.

Après avoir défini l'Etre suprême par ce double courant d'épithètes et de propositions, le roi aborde la question de la délivrance finale dont il fait la théorie à sa manière, en termes très brefs. Il se borne à dire qu'on arrive à la délivrance finale en rendant au Seigneur suprême un hommage assidu. Ce genre de délivrance paraît être autre chose que le Svarga et quelque chose de mieux. Le Svarga est apparemment la plus belle récompense des bonnes actions qu'on puisse obtenir dans le monde, non pas, sans doute, dans le monde terrestre, mais bien dans un monde supérieur qui n'en fait pas moins partie de ces évolutions et de ces transformations multiples dont se composent les effets variés qui ont dans le Seigneur suprême leur point de départ et leur cause première. La délivrance finale proposée, vantée, mais non expliquée par le roi doit être une absorption dans le Seigneur suprême considéré à la fois comme la cause de tous les effets et comme la suppression de toute participation aux effets dérivant de cette cause unique. Cette théorie fait, en définitive, bon marché du Svarga, et le sophiste qui en avait nié l'existence a dû, en effet, se laisser convaincre assez facilement sur ce point par son adversaire.

Cette vue relative au Svarga, qu'elle soit vraiment celle du roi ou qu'elle se déduise de ses affirmations, est justifiée par la suite du discours. Revenant, en effet, à la morale, Vikramâditya compare les passions vicieuses à des maladies, les efforts vertueux nécessaires pour les surmonter à des remèdes, et le Svarga à des friandises qui servent à faire passer les remèdes dont ils dissimulent l'amertume. L'image est bien connue, et ce n'est pas la première fois que nous la rencontrons; mais que penser de cette théorie qui fait simplement du Svarga un moyen de dorer la pilule? Le Svarga n'est pas seulement une récompense offerte à celui qui aura le courage de faire les efforts requis; c'est une sorte de leurre, un appât. On avoue que le fruit véritable de tous ces efforts, c'est qu'on devient maître de soi. Si nous interprétons bien la pensée du texte, et l'étude que nous en avons faite ne nous a pas permis d'arriver à une autre conclusion, l'empire sur soi-même, s'il n'est pas la délivrance finale même et ne se confond pas avec elle, en est du moins la source et la condition.

Ainsi toute cette discussion si savante et si religieuse, qui commence par l'exaltation de l'Etre suprême, semble aboutir à la glorification de l'homme; la puissance supérieure est à peu près oubliée, et son concours ne sert qu'à assurer l'empire de l'homme sur soi-même. Quel usage l'homme doit-il faire de cet empire? Se rendra-t-il indépendant, ou s'absorbera-t-il dans le Seigneur suprême? Le premier de ces deux états paraît mieux répondre à la nature des efforts individuels accomplis. La seconde paraît mieux répondre à la pensée générale de tout le débat. Aussi paraît-il à propos de réserver son jugement. Ne demandons pas à nos contes de nous donner une dogmatique complète et de toutes pièces; c'est assez qu'ils jettent, en passant, un grand nombre d'idées plus ou moins sérieuses et élevées qui méritent d'être notées et recueillies. C'est ce que nous avons tâché de faire. Nous n'avons pas la prétention d'avoir fait un exposé méthodique et complet, où rien n'a été oublié, où tout est parfaitement classé; un recueil de contes ne mérite peut-être pas d'être pris tellement au sérieux. Cependant nous croyons n'avoir rien omis d'important et avoir classé ces matériaux, qui ne laissent pas d'être assez nombreux, d'une façon au moins satisfaisante. Tout ce que nous nous sommes proposé, c'est d'introduire le sujet et d'appeler l'attention du lecteur sur une œuvre qui peut paraître légère, mais qui a son côté grave, peut-être même de lui faciliter l'usage de ce livre en expliquant certains points et faisant ressortir les idées principales qui s'y trouvent éparses. Puisse-t-il trouver que le temps employé à ce travail n'a pas été perdu, et qu'il valait la peine de traduire et de soumettre à une modeste analyse l'histoire du trône de Vikramâditya et les trente-deux récits que la fantaisie indienne s'est plu à y rattacher!

TRADUCTION

DE LA VERSION BENGALIE

DU

BATRIS SINHASAM

(LES TRENTE-DEUX RÉCITS DU TRÔNE
DE VIKRAMADITYA)

PAR

LE ÇARMAN MRITYUNJAYA

RECUEIL (DES RÉCITS) DU TRONE

AUX TRENTE-DEUX FIGURES

DE

L'AUGUSTE VIKRAMADITYA

EN LANGUE DU BENGAL

Par Son Excellence

LE ÇARMAN MRITYUNJAYA

L'AUGUSTE Vikramâditya était un roi des rois également versé dans les choses divines et dans les choses humaines. Il avait reçu, par la faveur des dieux, un trône en pierreries et orné de trente-deux figures sur lequel il siégeait. Quand ce roi, l'auguste Vikramâditya, fut monté dans le Svarga, il n'y eut plus personne qui fût digne de s'asseoir sur ce trône, lequel fut enfoui dans le sol. Quelque temps après, sous la domination de l'auguste roi Bhoja, ce trône fut retrouvé. Voici le récit de cette histoire :

LES
TRENTE-DEUX RÉCITS
DU TRONE

INTRODUCTION

Il y avait dans la région du Mili une ville appelée Dhârâ. Non loin de cette ville, était situé un champ de grains appelé Sambandakar, dont le cultivateur avait nom Yajnadatta. Ce cultivateur, après avoir creusé un fossé aux quatre côtés du champ de grains, y fit pousser des arbres de diverses nature, des Çâla, des Tâla, des Tamâla, des Piyâla, des Hintala, des Vakula, des Amra, des Amrâtaka, des Campaka, des Açoka, des Kimçuka, des Vaka, des Guvâka, des Nârikela, des Nâyakeçar, des Mâdhavî, des Mâlatî, des Yuthî, des Jâtî, des Sevatî, des Kadalî, des Tagar, des Kunda, des Mallikâ, des Devadâru etc.; il forma ainsi un parc et y fixa sa résidence.

Près de ce parc était une forêt épaisse et redoutable, d'où sortaient des éléphants, des tigres, des buffles, des rhinocéros, des singes, des sangliers, des lièvres, des ours, des daims et bien d'autres animaux, qui détruisaient chaque jour les plantations. Contrarié au plus haut degré par cet état de choses, Yajnadatta, pour garder ses plantations, établit un observatoire dans le champ et s'y installa de sa personne. Chaque fois qu'il était sur l'observatoire, pendant tout le temps qu'il y était, le cultivateur commandait, ordonnait, délibérait de la même façon qu'un roi des rois commande, ordonne, délibère. Une fois descendu de ce poste d'observation, il était comme un simple particulier.

Les voisins du cultivateur, ayant remarqué cette particularité, en furent étonnés et parlèrent ensemble de ce fait merveilleux. L'affaire s'ébruita par la conversation, tellement que Bhoja, le roi de la ville de Dhârâ, en entendit parler. Aussitôt, saisi de curiosité, il se rendit à cet observatoire, accompagné de ses conseillers, de ses officiers, de son armée, de son général en chef : après avoir vu de ses yeux le cas de ce cultivateur, il fit monter sur l'observatoire un de ses conseillers, en qui il avait une confiance extrême. Ce conseiller, pendant tout le temps qu'il fut sur l'observatoire, commanda, ordonna et délibéra à la façon d'un roi des rois. A cette vue, le roi surpris fit la réflexion que cette vertu n'était propre ni à l'observatoire, ni au cultivateur, ni au conseiller, mais qu'il y avait en ce lieu quelque objet étonnant par la puissance duquel le cultivateur se comptait comme un roi. Cette détermination faite, le grand roi, pour trouver l'objet, donna l'ordre de creuser en ce lieu. Dès que l'ordre fut reçu, la troupe des gens de service se mit à creuser : de ces fouilles sortit un trône en pierreries, divin, plein d'éclat, resplendissant de 32 figures, orné d'une foule de pierreries, de corail, de perles, de rubis, de diamants, de cristal, de jaspe, de saphir, de rubis. Tel était l'éclat de ce trône que le roi et les gens de sa suite ne furent pas capables de le regarder.

Ensuite, le roi, ravi de cette trouvaille, eut le désir de faire porter le trône dans sa résidence royale, et donna des ordres en conséquence à la troupe de ses serviteurs. Les ordres donnés, les serviteurs firent plusieurs tentatives pour enlever le trône ; mais le trône ne bougea pas de place. Une voix retentit alors dans les airs, disant : O Roi, donne diverses étoffes, des ornements et autres objets, rends un culte à ce trône, fais-lui des offrandes et des sacrifices; alors le trône s'enlèvera. — Le roi, ayant entendu ces paroles, agit ainsi, et le trône s'enleva sans difficulté.

Ayant donc fait porter le trône dans sa ville royale appelée Dhârâ, il l'établit dans la salle du conseil ornée de colonnes en or, en argent, en corail, en cristal. Puis le désir lui vint de siéger sur ce trône; il appela des savants, fit choisir un moment de bon augure, et donna aux gens de service l'ordre de faire tous les préparatifs du sacre. Dès qu'ils eurent reçu l'ordre, les serviteurs apportèrent du lait caillé, du durba, du santal, des fleurs, de l'akuru, du safran, de la bouse de vache, des parasols, des ombrelles, diverses queues, des queues de vache, des queues de paon, des flèches, des armes, des miroirs et autres objets qui sont dans les mains des femmes ayant mari et enfants, tout l'appareil propre à une fête solennelle, avec une peau de tigre bigarrée pour figurer la terre aux sept continents, en un mot l'appareil prescrit dans les Çâstras pour le sacre des rois, puis en informèrent Sa Majesté. Alors, quand le Guru, le Purohita, les Brahmanes, les savants, les conseillers, les chefs, les soldats, le général en chef furent entrés, l'auguste roi Bhoja s'approcha du trône, afin d'être sacré quand il y serait assis.

A ce moment, la première figure du trône s'adressa au roi en ces termes :

O roi, écoute! Le roi qui est doué de qualités, extrêmement riche, extrêmement libéral, extrêmement compatissant, éminent par son héroïsme et sa bonté, porté par sa nature à des efforts de moralité, plein de force et de majesté, c'est ce roi seul qui est digne de s'asseoir sur ce trône; un autre, un roi ordinaire, n'en est pas digne.

A ce discours, le roi répondit : O figure, il suffit qu'on me demande pour que, comprenant le devoir de donner, j'accorde immédiatement un *lac* et demi d'or : quel autre roi sur la terre m'est supérieur en libéralité ?

En entendant ces paroles, la figure sourit et dit : O roi, l'homme qui est grand ne fait pas lui-même l'éloge de ses propres qualités. Tu fais toi-même le commentaire de tes qualités; à cause de cela, dans ma pensée, tu es très petit. L'homme grand est celui dont les qualités sont vantées par autrui. Quand on vante soi-même ses propres qualités, il n'en résulte rien de bon; mais les gens en parlent comme d'une chose inconvenante : comme lorsqu'une jeune femme presse elle-même ses seins, il n'en résulte aucun plaisir; mais les gens en parlent comme d'une chose inconvenante.

En entendant ce discours de la figure, le roi fut extrêmement confus; il dit : O figure, ce trône, à qui était-il? à quoi servait-il? Raconte-moi cette histoire.

La figure reprit : O grand roi, écoute l'histoire du trône :

Dans une ville appelée Avanti était un roi nommé Bartrihari. A l'époque où il fut sacré, son frère cadet, appelé l'auguste Vikramâditya, ayant reçu un affront, quitta son propre pays et passa à l'étranger. L'auguste Bartrihari, depuis son sacre, veillait sur les créatures comme sur ses enfants et réprimait les méchants : voilà comment il gouvernait la terre. La dame qui partageait le trône du roi, appelée Anangasenâ, s'assujettissait complètement le roi par sa beauté et ses qualités. Or, il y avait dans cette ville un brahmane qui rendait un culte à Devî, la divinité du pays. Devî, satisfaite de ce culte, se présenta à lui et lui dit : Brahmane, demande ce que tu désires. Le brahmane, après lui avoir adressé humblement ses louanges, dit : « O Devî, si tu es bien disposée pour moi, rends-moi exempt de la vieillesse et de la mort ! » — A l'ouïe de ces paroles, Devî satisfaite donna un fruit au brahmane et lui dit : « Quand tu auras mangé ce fruit, tu seras affranchi de la vieillesse et de la mort. » Après lui avoir ainsi donné ce qu'il avait choisi, Devî disparut, et le brahmane s'en alla chez lui. Le lendemain, après avoir rempli tous ses devoirs, l'ablution, l'offrande, etc., comme il était sur le point de manger le fruit, il fit en lui-même cette réflexion : « Je ne suis qu'un mendiant excessivement pauvre ; à quoi bon prolonger la durée de ma vie ? Le roi Bartrihari est souverainement juste ; la prolongation de ses jours sera un bienfait pour une multitude de gens. » Ces réflexions faites, il se rendit dans le conseil du roi, lui adressa ses salutations, lui fit présent du fruit et lui en raconta en même temps l'histoire. Le roi, ayant reçu le fruit, fut rempli de joie, et accorda au brahmane plusieurs distinctions honorifiques ; puis ce brahmane s'en retourna chez soi. Le roi s'étant rendu dans l'appartement des femmes, donna à la Rânî des témoignages de son extrême bienveillance et lui remit le fruit ; en même temps, il lui en raconta l'histoire. La Rânî avait des relations avec le premier conseiller, si bien qu'elle lui raconta cette histoire et lui donna le fruit. Le premier conseiller était l'amant d'une courtisane ; il raconta aussi l'histoire à cette courtisane et lui donna le fruit. La courtisane, ayant reçu le fruit, prit la détermination suivante : « Si je donne ce fruit au roi Bartrihari, j'obtiendrai d'abondantes richesses. » — Ayant pris ce parti, elle donna le fruit au roi.

Le roi, en recevant ce fruit, fut excessivement étonné : « Ce fruit, se dit-il, je l'avais donné à la Rânî; d'ou vient cette extrême affection de la Rânî pour une courtisane? » Il fit donc des recherches, et apprit toute l'histoire. Incontinent il fut détaché des choses du monde et comprit tout ce qu'il y a de mauvais dans les biens extérieurs, tels que femmes, enfants, etc. « Cette femme que j'aimais plus que ma vie, pensa-t-il, je vois qu'elle n'avait pas d'attachement pour moi, elle était attachée à mon conseiller; ce conseiller, de son côté, n'avait pas d'attachement pour la Rânî, il n'en avait que pour une courtisane ; la courtisane non plus n'avait pas d'attachement pour le conseiller; la richesse était son unique passion. Ainsi l'affection qu'on a pour une femme, des enfants et autres choses de ce monde est une pure duperie. » — Après avoir fait toutes ces réflexions, le roi renonça à la royauté et s'en alla dans la forêt. Là il mangea le fruit donné par le dieu, puis resta plongé dans une profonde méditation. Le roi Bartrihari n'avait pas de postérité; le royaume était privé de roi, l'épouvante causée par les voleurs et les malfaiteurs augmentait de jour en jour.

Un Vetâla nommé Agni faisait sa demeure en ce pays. Or, les conseillers, dans leur trouble extrême, avaient confié la garde du royaume à un enfant Xatrya doué de tous les signes de la royauté. Mais le jour où ils l'avaient installé roi du pays, ce même jour, à la tombée de la nuit, le Vetâla Agni arriva, fit périr le roi, puis s'en alla. C'est de cette façon que, chaque fois que les conseillers se réunissaient pour faire un roi, chaque fois le Vetâla Agni le faisait périr. Ainsi nul ne pouvait rester roi dans ce pays. Aussi la perversité des méchants devint telle que le pays dépérissait de jour en jour. Les conseillers se creusèrent la tête pour chercher les moyens de préserver le roi, mais ils ne réussirent pas à trouver un expédient pour le maintenir.

Un jour, les ministres assemblés étaient en séance occupés à délibérer quand l'auguste Vikramâditya, ayant pris un costume d'emprunt, entra dans la salle du conseil et dit aux ministres : « Pourquoi ce royaume est-il sans roi ? » — Les ministres répondirent : « Le roi est allé dans la forêt ; chaque fois que nous faisons un (nouveau) roi pour garder le royaume, le Vetâla Agni fait périr ce roi. »

— Vikramâditya, ayant entendu ces paroles, reprit : « Faites-moi roi aujourd'hui. » Les ministres, voyant que Vikramâditya était un sujet digne de la royauté, dirent : « A partir d'aujourd'hui, Ton Excellence est roi du pays d'Avantî ; c'est en nous conformant à tes ordres que nous ferons nos propres affaires. » Devenu de cette façon roi du pays d'Avantî, Vikramâditya passa tout le jour à s'occuper (des affaires) de la royauté, à goûter les jouissances du bien-être ; à la nuit, il prépara, en vue du Vetâla Agni, diverses espèces de breuvages enivrants, de la viande, du poisson, des douceurs, du pain, du riz bouilli avec du miel et du sucre, des mets, des sauces, du lait caillé, du lait, du beurre clarifié, du beurre frais, du sandal, des guirlandes, des fleurs, diverses espèces de substances odorantes, etc. ; il garda tout cela dans sa maison, et lui-même resta chez lui, se tenant éveillé sur son meilleur lit.

Alors le Vetâla Agni entra dans cette maison, un glaive à la main, et s'efforça de tuer l'auguste Vikramâditya. Le roi lui dit : Vetâla Agni, écoute! puisque Ton Excellence est venue pour me faire périr, il n'est pas douteux qu'elle y réussira; mais tous ces mets que voici ont été réunis ici à ton intention; mange tout, tu me feras périr ensuite. » Le Vetâla Agni, ayant entendu ces paroles, absorba tous les mets accumulés, et, satisfait du roi, lui dit : « je suis extrêmement (content et) bien disposé pour toi, je te donne ce pays d'Avantî; sois au premier rang et goûte les jouissances; seulement, prépare-moi tous les jours un repas semblable. » A ces mots, le Vetâla Agni quitta ce lieu pour retourner dans sa demeure.

Le matin, le roi, après avoir rempli ses devoirs, se rendit au conseil. En le voyant, les conseillers et autres se dirent en euxmêmes : « Puisqu'il a pu échapper au Vetâla Agni, ce sera assurément un grand homme. » Ayant donc fait cette réflexion dans leur esprit, ils témoignèrent au roi un grand respect, se montrèrent pleins d'attention (pour lui), puis se livrèrent à leurs occupations respectives.

Le roi, ayant, par crainte et par amour, rendu ses ministres et les autres dociles à ses ordres, accomplissait l'œuvre de la royauté conformément au code politique et pénal [1].

---

[1]. *Nîti-çâstra* (livre de la politique ou de la morale) et *Danda-çâstra* (livre du châtiment).

Chaque jour, à la nuit, il offrait le repas comme précédemment au Vetâla Agni. Mais ensuite, il se rendit maître du Vetâla Agni par le moyen suivant :

Un jour, à la nuit, le Vetâla Agni, après avoir mangé, fut très satisfait et ne s'en alla pas. Le roi lui posa alors cette question : « O Vetâla, qu'est-ce que tu es capable de faire ? que sais-tu ? » — Le Vetâla répondit : « Ce que j'ai dans l'esprit, je suis capable de l'exécuter ; je connais tout. » — Le roi reprit : « Parle, regarde : Quelle est la durée de ma vie ? » — Le Vetâla répondit : « Ton âge est d'une centaine d'années. » — Le roi reprit : « Dans ma vie, il s'est rencontré deux lacunes ; ce qui n'est pas bien ; en conséquence, accorde-moi une année en plus des cent ans, ou retranche des cent une année. » — Le Vetâla répondit : « O roi, tu es au plus haut degré, bon, libéral, compatissant, juste, vainqueur de tes sens, honoré des dieux et des Brahmanes : (la mesure des) jouissances qui doivent remplir ta vie est comble ; il n'est pas possible d'y ajouter ou d'en retrancher quelque chose. » — En entendant ces paroles, le roi fut satisfait ; et le Vetâla s'en retourna dans sa demeure.

Après cela, le roi ne fit point, à la nuit, les préparatifs du festin pour le Vetâla, mais il se tint prêt pour le combat. Le Vetâla arriva, et, ne voyant rien de préparé pour le repas, voyant au contraire les dispositions prises par le roi pour le combat, il se fâcha et dit : « Fi ! roi pervers, pourquoi ne m'as-tu rien préparé à manger aujourd'hui ? » — Le roi répondit : « Puisque tu n'es pas capable d'ajouter à la durée de ma vie ou d'en retrancher, pourquoi te préparerais-je un repas continuellement et sans profit ? » — Le Vetâla repartit : « Oh ! oh ! c'est ainsi que tu parles ! Viens maintenant ; combats avec moi : c'est aujourd'hui que je te mangerai. » — A ces mots, le roi en colère se leva pour combattre et engagea avec le Vetâla une lutte variée qui dura quelques instants. Le Vetâla, s'étant rendu compte de la force et de l'héroïsme du roi dans le combat, fut satisfait et dit : « O roi, tu es très fort, je suis content de ton héroïsme dans le combat, choisis ce que tu veux me demander. » — Le roi répliqua : « Puisque tu es bien disposé envers moi, accorde-moi donc cette faveur que, dès que je t'appellerai, tu arriveras près de moi. » — Le Vetâla accorda ce don au roi et s'en alla dans sa demeure.

Le lendemain matin, les conseillers apprirent cette histoire de la bouche du roi; puis, s'étant bien rendu compte de ce qu'il était, ils réunirent une grande assemblée solennelle et procédèrent au sacre du roi. Le monarque ainsi sacré goûtait les jouissances de la royauté sans (en sentir) les épines.

Sur ces entrefaites, un jour, un yogî vint et dit au roi : O grand roi, si tu veux bien ne pas repousser brutalement ma demande, j'ai une requête à te présenter. Le roi répondit : O yogî, désires-tu toutes les richesses que je possède et même ma vie? Que ton désir soit rempli; je ferai tout ce que tu veux. — Le yogî reprit : J'ai certaines cérémonies funèbres à accomplir; sois mon assistant! — Le roi accepta. Alors le yogî, le prenant avec soi, se rendit au cimetière. Quand ils y furent arrivés, le yogî dit : O roi, à deux Kroça d'ici, il y a, dans un arbre Çinçapa, un mort attaché; apporte-le-moi promptement. — Après avoir ainsi chargé le roi d'apporter le cadavre, il se tint à l'est du cimetière sur le bord de la rivière Gharghâ, murmurant des mantras à l'autel de l'auguste (déesse) Kâlikâ. Le roi, arrivé près du Çinçapa, monta sur l'arbre et coupa avec un glaive les liens du cadavre qui tomba sur le sol. A peine le roi était-il descendu que le cadavre, montant sur l'arbre, se retrouva dans la même position qu'auparavant. Le roi, quelque peu étonné, remonta sur l'arbre, prit le cadavre et descendit.

En cet instant, le Vetâla Agni, connaissant l'infortune du roi, se présenta devant lui et lui fit 25 récits qui dissipèrent sa fatigue. (Le détail de ces 25 récits se trouve dans le Vetâlapancavimçati). — (Après quoi le Vetâla) dit : « O grand roi, ce yogî est un grand magicien ; il t'a amené parce qu'il sait que tu es un homme supérieur, dans l'espoir de t'offrir en sacrifice pour gagner l'homme d'or. Sois donc bien sur tes gardes. Lorsque ce yogî te dira de faire quelque chose, songe que, si tu aides les méchants, cela ne te tournera pas à bien. »

Ce discours étonna le roi et le porta à faire les réflexions suivantes : ce yogî a abandonné femme, enfants, etc., et s'est fait ermite ; moi, roi du pays, je suis le protecteur de plus d'une personne ; il a le dessein de m'offrir un sacrifice pour gagner l'homme d'or. La richesse est son but suprême, le reste, pour lui, n'est rien. Ce méchant yogî, pour réaliser son seul bien-être, est prêt à causer des maux infinis à une foule de gens et n'hésite pas à se lancer dans les mauvaises actions. C'est ainsi que les fous, poussés par la convoitise, font le mal pendant toute une existence en vue d'un avantage quelconque; après quoi, recueillant le fruit du mal, ils endurent, pendant plus de mille naissances, diverses espèces de douleurs. Les méchants auraient beau être plongés dans une mer de pureté, ils ne renonceraient pas à leur méchanceté; de même que les serpents qui boivent constamment du lait dans la mer de lait, ne vomissent jamais l'amrita et ne lancent que leur venin. Toutefois, comme le venin du serpent peut être dompté par des Mantras et de grandes Aushadhis, ainsi, en conformant leur conduite aux prescriptions des livres de morale (Nîtiçâstra), les méchants peuvent diminuer leur méchanceté. Mais ce yogî est d'une méchanceté extrême; le devoir d'un roi est de le tuer. — Cette détermination prise, il s'élança, le glaive à la main, et trancha la tête du yogî. A peine cette tête fut-elle coupée qu'un homme d'or apparut, loua la majesté du roi et ne cessa depuis de manifester envers lui de bonnes dispositions.

Le roi radieux, transporté de joie, prit l'homme d'or et se rendit dans sa résidence royale; par la faveur de l'homme d'or, il devint aussi riche que Kuvera, et se livra à toutes sortes de jouissances et de plaisirs.

Dans ces circonstances, un brahmane appelé Siddhasena, venu du pays de Kanyakubja, se présenta devant le conseil du roi, et, après avoir salué sa majesté, dit : « O roi, la fortune est une femme. Si la haute fortune que tu possèdes vient de toi, alors c'est ta fille; si elle vient de ton père, alors c'est ta sœur; si tu la tiens de quelque autre, alors c'est la femme d'autrui. Réfléchis donc bien à ceci : songe que la haute fortune n'est jamais compatible avec les jouissances. Aussi les gens de bien, quand ils ont obtenu une haute fortune, font des libéralités. Tu es un homme de bien, il te convient de faire des dons. » — Le roi, ayant entendu ces paroles de la bouche du brahmane, fit les réflexions suivantes : « Habiter un grand palais, monter des éléphants divins et d'excellents chevaux, bien plus, jouir de beautés comme on n'en a pas vu encore, cela n'est pas d'un grand homme. Ceux qui, considérant leurs propres richesses comme si elles n'étaient pas à eux, renoncent à l'égoïsme et font don de leurs richesses, ceux-là sont les grands hommes et obtiennent des éloges. » — Cette idée s'étant bien fixée dans son esprit, il se mit à faire constamment des dons; sur toute la surface de la terre, il n'y avait plus de pauvres, et la bonne réputation du roi allait jusqu'au monde des dieux.

Le roi des dieux est Indra; dans son conseil, les divinités célébraient toujours la gloire de l'auguste Vikramâditya. Indra fut excessivement content et dit : « Dans le monde des hommes, l'auguste Vikramâditya est la perle des rois, comme je (le suis des dieux). En conséquence, bien disposé comme je le suis pour Vikramâditya, je lui donne mon trône de pierreries auquel sont adaptées trente-deux figures. Hé! divinité du vent, va le lui donner. » — Conformément à l'ordre d'Indra, la déité du vent, avec la vitesse qui lui appartient, apporta le trône au milieu du conseil du roi et le lui offrit. L'auguste Vikramâditya, après avoir reçu le trône, fut sacré au milieu d'une grande assemblée et s'assit sur le trône. Lorsqu'il siégeait sur ce trône, alors les attributs d'Indra, l'héroïsme, l'énergie, la fermeté, la profondeur, la sévérité, l'activité, l'intelligence, la science appartenaient à l'auguste Vikramâditya. Alors le roi se dit : « C'est en faisant des largesses par le conseil du brahmane Siddhasena que j'ai obtenu ce siège divin. » — Cette réflexion le remplit de bienveillance à l'égard du brahmane Siddhasena, et il en fit un membre de son conseil, le chef des Pandits.

Le roi, dans son conseil, recevait chaque jour des centaines d'hommes versés dans le Veda, des docteurs du Vedanta, du Mimamsa, du Tarkiya, des partisans du système Sankhya, de celui de Patanjali, du Vaiçeshika, des adhérents du Kalpavyâkarana, du Nirukta, du Jyotisha, de la Smriti, et avec eux des acteurs, des actrices, richement parés, des hommes qui connaissaient divers çâstras, le code politique, le code pénal, les livres de médecine, etc., l'auguste Kalidâça, Vararuci, Bhavabhûti, Xapanaka, Amarasimha, Çanku, Vetâlabhatta, Ghatakapûri, Varâha, Mihir, Dhanvantir, etc. En compagnie de ce cortège de savants, le roi goûtait les poèmes divers composés en conformité des divers Çâstras et savourait dans un bonheur parfait les douceurs de la royauté.

La première figure ajouta: « Hé! roi Bhoja, n'as-tu pas été en doute pendant tout ce discours? La terre féconde en joyaux n'est nullement difficile à acquérir pour un homme qui sait employer la force de la loi, savoir : les mortifications, le murmure des prières, le don, la science. Il y a plusieurs formes de récits sur la gloire et l'éclat de l'auguste Vikramâditya; on n'en connaît pas le nombre. Voici comment s'acheva sa vie dont la durée fut de cent ans sans la moindre diminution :

Se rappelant le discours du Vetâla, quand il vit venir le moment de sa mort, il fit la réflexion suivante : « Ce qui répond à la naissance du Xatrya, c'est la mort dans le combat; par elle, il obtient aisément le Svarga. » — Là-dessus, il forma le désir de combattre avec le roi appelé Çâlivâhana de la ville de Pratishthâna, et donna à ses conseillers l'ordre de préparer une armée. Les conseillers, ayant reçu l'ordre, rassemblèrent mille chars, dix mille éléphants, cent mille chevaux, un million de chameaux, dix millions de chevaux, cent millions d'archers, une multitude d'archers, une multitude d'engins de feu, un billion d'hommes armés d'épées et de cuirasses, des centaines de fouets, carquois, flèches, arcs, boucliers, épées, glaives, barshâ, dagues, haches, mousquets, canons et toutes sortes d'engins et d'armes. Il rassembla aussi des cordes, des bâtons, des tentes, des toiles, des abris, des couvertures, des pieux, des étendards; il accumula des tambours, des tambours de victoire, de grands tambours, des tambours, des tambourins, des tambours, des flûtes, de grandes trompettes, des trompettes tûrî et naphirî, des cors guerriers, des cors de victoire, de petits tambours, des cymbales et autres instruments de musique. Les conseillers, après avoir fait leur œuvre conformément aux ordres du roi, en informèrent le monarque.

Le roi Vikramâditya monta sur un char excellent, orné de pierreries et tout attelé : puis, entouré d'une armée à quatre corps, partit pour combattre avec le roi Çâlivâhana. Quand il fut arrivé sur le champ de bataille, il engagea une action des plus terribles, et, dans un combat face à face, frappé de la main du roi Çâlivâhana, le roi Vikramâditya quitta la vie et s'en alla dans le monde du Svarga. Le pays d'Avantî se trouva sans roi, la fortune royale sans protecteur.

A la nouvelle de la mort du roi, la première épouse consola les conseillers et leur dit : « Ne soyez pas troublés; je suis enceinte, j'aurai nécessairement un fils qui sera roi et vous gardera. » — En effet, peu de temps après, la reine donna naissance à un fils qu'elle confia aux conseillers; elle-même entra dans le feu et goûta avec le roi Vikramâditya les jouissances du bonheur suprême.

« Vikramasena, fils du roi Vikramâditya, ayant été sacré dans la royauté, protégea les créatures comme (avait fait son père), mais ne s'assit pas sur le trône donné par Indra [1]. Et depuis, roi Bhoja, sache-le bien, nul ne s'est assis sur le trône suprême. Car une voix aérienne se fit entendre, disant : « Sur « la surface de la terre, nul n'est digne de « s'asseoir sur le trône. Faites donc une exca- « vation dans un lieu pur pour l'y enter- « rer et l'y garder. » Les ministres, ayant entendu ces paroles, enterrèrent le trône et le gardèrent. »

La figure ajouta : « Écoute, grand roi, ce trône-là, c'est celui que tu as découvert. »

---

1. La version bengalie met ici un titre : *Récit de la première figure*; nous avons cru devoir couper autrement.

RÉCIT DE LA 1ʳᵉ FIGURE

La figure reprit : « Ecoute (les preuves de) la grandeur de Vikramâditya.

« Un jour, le roi était dans la ville d'Avantî, assis sur le trône divin, au milieu de son conseil. Un homme pauvre arriva, s'approcha du roi et se tint devant lui sans rien dire. En le voyant, le roi se prit à penser en lui-même : L'homme qui vient faire une demande est comme celui qui est à l'article de la mort, dont le corps tremble, de la bouche duquel aucune parole ne peut sortir. Je compare les deux situations l'une à l'autre. Je conjecture donc que cet homme est venu pour faire une demande et ne peut s'exprimer. — Après ces réflexions, le roi fit donner mille pagodes ¹ à cet homme qui les reçut sans quitter sa place ni prononcer une parole. Le roi lui dit alors : « Hé! solliciteur, pourquoi ne parles-tu pas? » — Le mendiant repartit : « C'est la honte qui retient ma langue. » — En entendant ces paroles, le roi lui fit donner (encore) mille pagodes, puis le questionna de nouveau : « Hé! solliciteur, voilà qui est étonnant! Si tu as quelque chose à dire, parle donc! » Le mendiant répondit : « Grand roi, la gloire de ton ennemi ne sort pas de chez lui, elle ne se répand pas au dehors ; les savants la déclarent mauvaise. La tienne peut faire errer constamment des mortels dans le Pâtâla ² ; les poëtes la déclarent bonne. Voilà ce qui est étonnant. » — Le roi, à l'ouïe de ces paroles, lui fit donner cent mille pagodes. Alors le mendiant reprit : « O roi, je suis bien aise de t'apprendre que lorsqu'un roi, doué de qualités, garde son peuple de

1. *Hûna*, pièce de monnaie valant 8 shillings, environ 10 francs.
2. Séjour infernal.

près, il ne court pas de mauvais discours sur son compte, et même il échappe à plus d'une difficulté. Ecoute l'histoire suivante :

« Il y avait une ville appelée Viçâlà, dont le roi se nommait Nanda. Le jeune roi s'appelait Vijayapâla, le conseiller Bahuçruta, le guru ¹ Çârdânanda, la Rânî ² Bhânumatî. Le roi, captivé par la beauté de la Rânî Bhânumatî, ne s'inquiétait point de la prospérité ni de la détresse de ses Etats. Si parfois il remplissait les fonctions royales, c'était en compagnie de Bhânumatî que, assis sur son trône, il faisait acte de roi. Un jour son conseiller lui dit : Grand roi, j'ai un avis à te donner : il n'est pas convenable que la Rânî vienne assister au conseil. — Le roi répondit : Conseiller, tu as raison, mais je ne puis rester sans la Rânî un seul instant. — Le conseiller reprit : Fais faire sur une toile le portrait de Bhânumatî et garde-le près de toi. — Le roi fit voir à un peintre la beauté de Bhânumatî et lui ordonna de la fixer sur la toile. — Le peintre fit le portrait et le présenta au roi qui le montra au guru Çâr-

---

1. Précepteur, guide spirituel.
2. Première épouse, reine.

dânanda et lui dit : Comment trouves-tu ce portrait? — Çârdanana répondit : C'est bien l'image de la Rânî. Mais Bhânumatî a sur la cuisse gauche un grain de beauté [1] qui n'est point ici : c'est le seul défaut de ce portrait. — En entendant ces paroles, le roi se dit en lui-même : Comment Çârdânanda connaît-il le grain de beauté de la cuisse de Bhânumatî? Il y a quelque chose là-dessous. — Le roi, furieux, dit à son conseiller : Fais périr Çârdânanda. — Le conseiller emmena Çârdânanda chez lui et fit ces réflexions : Le roi, sans préciser le crime de Çârdânanda, a donné l'ordre de le faire périr; il n'est pas convenable de tuer cet homme éminent sans un motif bien défini. Le mettre à mort serait faire commettre un crime au roi. — Après avoir agité ces pensées en lui-même, il fit faire dans sa demeure une cellule souterraine et y enferma Çârdânanda.

« Plus tard, un certain jour, le fils du roi, Vijayapâla, partit pour chasser dans la forêt. Quand il y fut arrivé, il aperçut un sanglier, se mit à sa poursuite pour le tuer et fut

---

1. Littér. : un grain de sésame.

bientôt engagé dans un épais fourré : sa suite était dispersée dans toute la contrée. Le fils du roi, tourmenté par la soif, cherchait de l'eau ; il ne tarda pas à trouver un étang et s'y arrêta pour boire. Sur ces entrefaites, un tigre arriva au même endroit. A la vue du tigre, Vijayapâla monta sur un arbre où se trouvait un singe qui lui dit : Hé! fils de roi, tu n'as rien à craindre, viens en haut! — Ainsi invité par le singe, le roi monta au haut (de l'arbre).

« Quand vint le crépuscule, à la nuit, le singe, voyant la lassitude du prince royal, lui dit : Hé! fils de roi, le tigre est au pied de l'arbre, dors sur mon sein. — Le fils du roi s'arrangea pour dormir de cette façon. Le tigre dit alors au singe : Fi! singe, ne mets pas ta confiance dans une créature humaine; livre-moi le fils du roi en le jetant en bas; ma nourriture dépend de ta bonne grâce, en vérité! — Le singe répondit : Ecoute, tigre! le fils du roi a mis sa confiance en moi, je ne le ferai pas périr. — Après avoir entendu les paroles du singe, le tigre garda le silence.

« Quelque temps après le fils du roi se réveilla. — Le singe posa sa tête sur la cuisse du fils du roi et se mit à dormir. Le tigre, reprenant la parole, dit au fils du roi : O prince royal, pourquoi as-tu confiance dans la race des singes? Livre-moi le singe en le jetant en bas; il est ma nourriture, certes! N'aie pas peur de moi! — Le prince, ayant entendu les paroles du tigre, jeta le singe en bas, pour le lui livrer. Mais le singe, en tombant, s'attacha aux branches, et resta au milieu de l'arbre sans tomber sur le sol : Ce que voyant, le fils du roi fut extrêmement confus. Le singe dit : Fils du roi, n'aie pas peur.

« Quand vint le matin, le tigre s'en alla, et le fils du roi, devenu fou, se mit à errer dans la forêt en répétant: Visemirâ, Visemirâ.

« Le cheval du prince était revenu (de lui-même) en ville à son écurie. Le roi, voyant le cheval et n'apercevant pas le prince, fut dans un trouble extrême. Accompagné de son entourage, il se mit à la recherche de son fils et entra dans la forêt; il y trouva le prince qui errait en répétant : Visemirâ, Visemirâ. — Le roi conduisit le prince dans sa demeure et lui administra divers mantras [1]

---

1. Paroles magiques.

et grandes Oshadhis[1]; mais aucun moyen ne fut salutaire. — Le roi dit : Si le guru Çârdânanda était là, il saurait bien ce que veut dire mon fils ; mais j'ai moi-même fait périr Çârdânanda ! — A ce moment, le conseiller lui dit : Grand roi, j'ai une proposition à te faire : Tous les remèdes sont inutiles, tu es dans le chagrin : qu'adviendra-t-il maintenant? Fais crier par toute la ville cette proclamation : Celui qui rendra la santé au prince, je lui donnerai la moitié de mon royaume. — Le roi suivit le conseil, et fit faire cette proclamation dans la ville. Le conseiller rentra chez lui et raconta la chose à Çârdânanda. Çârdânanda parla ainsi au conseiller : Va dire au roi : j'ai une fille de sept ans qui, en regardant ton fils, lui rendra la santé. Le conseiller rapporta ce discours au roi qui, après l'avoir entendu, prit aussitôt son fils et le conduisit dans la maison du conseiller. Celui-ci avait fait séparer par un voile le lieu où se tenait Çârdânanda ; le roi avec son fils se tenait en dehors du voile.

« Çârdânanda, se tenant derrière le voile,

1. Herbes médicinales

se mit à dire : Celui[1] qui a reposé sur la cuisse de (l'ami) qui avait mis sa confiance en lui, puis l'a trompé, qu'a-t-il en lui d'humain ? Il a été fait un poème sur ce sujet. »
— A l'ouïe de ces paroles, le fils du roi, supprimant la syllabe Vi [2], se mit à dire *Semirâ*.

« Çârdânanda reprit : Depuis Setubandha [3] jusqu'au Gange, le meurtre d'un brahmane et les autres grands crimes peuvent s'effacer : le crime de celui qui tue son ami ne peut s'effacer en aucune manière. » — A l'ouïe de ces paroles, le prince, supprimant la syllabe se [4], se mit à dire *Mirâ*.

« Çârdânanda reprit encore : Celui qui nuit à son ami [5], l'ingrat, le perfide, tous les gens de cette espèce auront en partage le Naraka tant que le soleil et la lune subsiste-

---

1. *Viçrâsa*....
2. Vi est la première syllabe de la phrase prononcée par Çârdânanda.
3. Setubandha... le pont de Râma au sud de l'Inde, ou les îlots entre le continent de l'Inde et Ceylan.
4. On vient de voir que cette syllabe était la première de la deuxième phrase de Çârdânanda.
5. Mitrahimsaka....

ront. » — A l'ouïe de ces paroles, le fils du roi retrancha mi et répéta râ.

« Çârdânanda reprit : « Roi [1], si tu désires la prospérité du prince, donne aux brahmanes des objets de diverse nature. C'est en faisant des dons aux maîtres de maison que tu effaceras le péché. » — A l'ouïe de ces paroles, le fils du roi fut remis en santé [2].

« Quand tous apprirent l'histoire du fils du roi, du tigre et du singe, ils furent émerveillés.

« Le roi, surpris, dit à la jeune fille : Hé ! jeune fille, quand es-tu sortie de la maison ? ou bien comment, restant à la maison, as-tu su ce qui s'est passé dans la forêt, entre ce tigre, ce singe et cet homme ? Çârdânanda, entendant ces paroles, dit : Par la faveur d'une divinité puissante, Sarasvatî [3] est sur le bout de ma langue ; je connais tout, de même

---

1. Râja....
2. On voit que les quatre phrases dites par Çârdânanda commencent successivement par les syllabes *vi-se-mi-râ*. Après chaque phrase, le prince dit une syllabe de moins ; et, quand la quatrième phrase est finie, il n'en dit plus aucune et est guéri. — Il est impossible de rendre cela par la traduction.
3. Déesse de l'éloquence.

que j'ai connu le grain de beauté qui est sur la cuisse de Bhânumatî. — A ces mots, le roi se dit : « C'est le guru Çârdânanda »; et, soulevant le rideau, il offrit, de concert avec son fils, ses hommages au guru. — Le roi, plein de joie, combla d'éloges le conseiller : « Conseiller, lui dit-il, tu es un grand homme. Je te dois la conservation de la vie de mon guru et même de mon fils. »

Quand le mendiant eut fait ce récit à Vikramâditya, il ajouta : « Roi, tu dois conclure de là que celui qui fréquente les gens de bien a beaucoup d'avantages. »

Le roi Vikramâditya, après avoir entendu ce discours de la bouche du brahmane, fut tout réjoui, il donna au brahmane dix millions de pagodes. Le mendiant les prit et s'en retourna chez lui.

Le roi dit à son trésorier : « Quand il viendra un pauvre, donne-lui mille pagodes; tu en donneras dix mille à celui qui fera une demande, cent mille à celui qui invoquera le Çâstra[1]. C'est seulement sur mon ordre exprès que tu donneras dix millions. »

La première figure ajouta : Écoute, roi

---

1. Livre faisant autorité.

Bhoja, je t'ai fait connaître la grandeur, la libéralité, la majesté du roi Vikramâditya. Si toutes ces qualités résident en toi, alors tu es digne de t'asseoir sur ce trône.

RÉCIT DE LA 2ᵉ FIGURE

Un autre jour, l'auguste roi Bhoja prit la détermination de se faire sacrer et s'approcha du trône avec sa suite. A ce moment, la deuxième figure du trône dit : Ecoute, ô roi Bhoja ! Celui-là seul peut siéger sur ce trône dont la grandeur est égale à celle de Vikramâditya. Le roi lui dit : En quoi consistait la grandeur de Vikramâditya ? — La figure répondit : « Ecoute, ô roi ! »

L'auguste Vikramâditya régnait à Avantî ; un jour, pour connaître ce qu'il y avait de merveilleux, il envoya des troupes de serviteurs en diverses contrées. Les serviteurs, après avoir parcouru les diverses contrées, revinrent près du roi et dirent : « O grand roi, sache que, sur la montagne Citrakuta, il y a une pagode près de laquelle est un parterre de fleurs. Un fleuve coule devant la pagode : si des gens purs se baignent dans ce fleuve, l'eau paraît sur leur corps comme du lait; si ce sont des méchants, des gens souillés qui s'y baignent, alors l'eau paraît sur leur corps comme de l'encre [1]. Là demeure un Yogî [2] qui fait continuellement des prières, des méditations, des offrandes ; mais la divinité ne lui est pas favorable. »

Le roi Vikramâditya, ayant entendu ce rapport, se rendit dans ce lieu, se baigna dans le fleuve et reconnut qu'il était (pur et) sans tache. Puis, après avoir rendu son hommage à la divinité, il se dirigea vers le Yogî. Le roi posa alors cette question au Sannyasî [3]. « Yogî, depuis combien de temps te livres-tu aux mortifications? » — L'ascète reprit : « Ecoute, le Vaiçakha [4], le Jyeshtha, l'Ashâdha, le Çrâvana, le Bhâdra, l'Açvina, le Kârttika,

---

1. Littéralement « de la suie ».

2. Yogî, solitaire absorbé dans la contemplation, dernier état des Brahmanes qui aspirent à la perfection.

3. Sannyasî est un synonyme de Yogî.

4. Ce terme et les suivants sont les noms des mois de l'année indienne.

l'Agrahâyana, le Pausha, le Mâgha, le Phâlguna, le Caitra, sont les mois dont la série forme l'année : voilà cent années semblables à celle-là que je me livre à des mortifications sans que la divinité me soit favorable. » — A l'ouïe de ce discours, le roi fit la réflexion suivante : « J'ai beau veiller sur mon corps, la mort n'en est pas moins certaine : si je quittais la vie pour rendre service à mon semblable, ce serait, certes, une mort excellente ! » — Après avoir délibéré de la sorte, le roi adressa dans son cœur une méditation à la divinité, et prit son épée : il allait se trancher la tête quand la divinité se montra soudain, saisit la main du roi et dit : « Ne te coupe pas la tête. Je suis contente de toi : fais-moi une demande à ton choix. » — Le roi répondit : « Hé ! bienheureuse, ce Yogî s'est livré pendant longtemps à des mortifications et tu ne lui as pas été favorable, tandis que pour moi tu t'es montrée favorable immédiatement : d'où vient cela ? » — La déesse répondit : « Auguste Vikramâditya, telle qu'est la méditation à l'égard des mantras, des étangs consacrés, de la divinité, du médecin, du guru, tel est l'accomplissement : je n'ai jamais été, de la part de ce Sannyâsi, l'objet d'une forte et puissante méditation. En entendant ce discours, le roi fit la réflexion suivante : D'un morceau de bois, d'un bloc de pierre, une divinité vient à l'existence ; l'existence résulte donc de l'accomplissement [1]. — Incontinent le roi, pour rendre service à son semblable, dit à la déesse : « Hé! déesse, si tu es contente de moi, puisque ce Yogî s'est livré pendant longtemps à des mortifications et y a trouvé bien des mécomptes, accorde à ce Yogî le choix que tu m'as laissé. » La déesse accorda alors ce choix au Sannyasî. Après avoir remis au Sannyasî le choix que la déesse lui avait accordé, l'auguste Vikramâditya retourna dans sa demeure.

La deuxième figure ajouta : « Ecoute, roi Bhoja! je t'ai dit la générosité, l'héroïsme, les qualités de grand homme du grand Vikramâditya : si ces qualités sont en toi, tu es digne de t'asseoir sur ce trône. »

---

[1]. Il y a là un raisonnement subtil et obscur ; on distingue trois choses : la méditation *(Bhâvanâ)*, — l'accomplissement ou le succès *(siddhi)*, l'existence *(bhâva)* ; l'accomplissement résulte de la méditation, et l'existence de l'accomplissement. Une chose existe parce que la méditation se réalise. — Il y a peut-être l'intention de jouer sur les mots *bhâva* et *bhâvanâ*.

RÉCIT DE LA 3ᵉ FIGURE

L'auguste roi Bhoja prit un jour la détermination de se faire sacrer, et, comme il approchait du trône, la troisième figure lui dit : Hé! roi Bhoja, écoute-moi bien : celui-là seul peut s'asseoir sur ce trône dont la grandeur est égale à celle du roi Vikramâditya. — Cette grandeur de Vikramâditya, dit le roi, en quoi consiste-t-elle? — La figure reprit : la persévérance, la sévérité, la fermeté, la force, l'intelligence, l'héroïsme, voilà six qualités qui rendent celui qui les possède redoutable aux dieux mêmes. Ces six (qualités), le roi Vikramâditya les possédait.

Le roi ainsi doué fit un jour la réflexion

suivante : La richesse et les nuages, quand ils arrivent, d'où viennent-ils? Quand ils s'en vont, où vont-ils? Je n'ai pas de réponse à ces questions. Maintenant j'ai plusieurs avantages, mais ensuite qu'adviendra-t-il? Je ne saurais le dire.

Après avoir fait toutes ces méditations, le roi se mit, à partir de ce moment, à donner chaque jour le nécessaire aux brahmanes, aux pauvres, aux femmes, aux enfants, à tous ceux qui manquaient de protection, qui étaient faibles ; et il prenait à ses sujets aussi peu que possible [1]. Pour se rendre les divinités propices, il avait institué des Brahmanes savants dans les Vedas, versés dans toutes sortes de pratiques, le sacrifice, la prière, le homa [2], le bali [3], le culte. Or, pour le service des divinités des eaux, il envoya un Brahmane au bord de la mer. Le brahmane s'y étant rendu fit l'anjali [4], et adressa un hymne à la mer. L'hymne achevé, la divinité de la mer

---

1. L'idéal d'un roi, selon les Orientaux, consiste à donner beaucoup à tout le monde et à ne prendre rien à personne.
2. Sacrifice aux divinités principales ou grand sacrifice.
3. Sacrifice aux divinités secondaires ou petit sacrifice.
4. Sorte de salutation (décrite page 58, l. 6-7).

apparut et dit : « Hé! brahmane, je suis favorable à Vikramâditya à cause de ses bonnes dispositions; quoiqu'il soit loin, il m'est excessivement cher. Donne ces quatre joyaux au roi Vikramâditya et dis-lui les qualités des joyaux. La puissance de l'un est telle que les mets auxquels on pense se présentent à l'instant même; du deuxième joyau proviennent les richesses qu'on souhaite [1]; dans le troisième se trouve une armée complète comprenant chars, éléphants, cavaliers, fantassins [2]; la propriété du quatrième est de fournir autant d'ornements qu'on en désire [3]. »

Le brahmane prit les quatre joyaux, retourna auprès du roi et les lui offrit; en même temps, il lui expliqua la vertu de ces joyaux. Le roi dit au brahmane d'emporter un de ces joyaux à titre de présent. — J'ai une femme, un fils, une belle-fille, répondit le brahmane, je veux les éprouver; la pierre qu'ils me diront de choisir est celle que je prendrai. Le brahmane, après avoir ainsi

---

1. Voir le 19ᵉ récit (Kanthâ).
2. Voir le 19ᵉ récit (Khandika.)
3. Voir le 19ᵉ récit (Kanthâ).

parlé au roi, rentra chez lui et raconta toute l'histoire à sa femme, à son fils et à sa bru. — Le joyau où il y a des éléphants et des chevaux est celui qu'il faut apporter, dit le fils. — La pierrerie où il y a des mets est celle que tu dois prendre, dit la femme. — La pierrerie qui produit des ornements est ce qu'il y a de mieux, dit la bru. — La pierrerie d'où proviennent les richesses est préférable, dit le brahmane. Ainsi ces quatre personnages ne purent s'entendre. Le brahmane revint près du roi et lui raconta la chose. Après avoir entendu son récit, le roi, pour plaire à ces quatre personnes, donna les quatre joyaux au brahmane qui retourna chez lui bien content.

La troisième figure reprit : « Ecoute, roi Bhoja, je t'ai dit la grandeur du roi des rois, Vikramâditya. Si tu as une grandeur semblable, tu peux t'asseoir sur le trône. »

RÉCIT DE LA 4e FIGURE

Le roi Bhoja prit de nouveau la résolution de se faire sacrer et s'approcha du siège fortuné. A ce moment, la quatrième figure du trône dit : « Roi Bhoja, écoute mes paroles : ce trône est celui du roi Vikramâditya : celui-là seul qui a une grandeur semblable à la sienne est digne de s'asseoir sur ce trône. — En quoi consistait la grandeur de Vikramâditya ? » répondit le roi. La figure reprit : « Ecoute, roi Bhoja :

« L'auguste Vikramâditya exerçait la royauté dans la ville d'Avantî. Dans cette ville demeurait un brahmane, un pandit savant dans les quatorze sciences (comprenant) les quatre Veda, le Rig, le Yajur, le Samâ et l'Atharvan accompagnés de ces six membres [1], les Çixâ, Kalpa, Vyâkarana, Nirukta, Jyotisha, Chanda-Çâstra, les Pûrva-Uttara-Rûpa-Mimamsâ, le Vaiçeshika-Çâstra, le Nyâya, le Sânkhya, le système de Patanjali, le Rûpanyâya, le Vistara-Smriti-Çâstra, le Purâna-Çâstra et dans les Çâstras pratiques, savoir : le Veda de la médecine, le Veda de l'arc, le Çâstra de la musique, le Çâstra des arts manuels [2], quatre sciences relatives à ce qui est visible, tandis que les quatorze sciences sus-énoncées se rapportent à l'invisible, le tout formant dix-huit sciences.

« Ce pandit n'avait pas d'enfants; sa femme lui dit un jour : — Hé ! maître, fais des supplications aux dieux pour qu'un fils vienne dans mon sein. — Brahmanî, répondit le brahmane, tu as bien parlé. Sans l'obéissance au guru, on n'obtient pas la science; sans les mérites religieux, on n'obtient pas de fils. — Après avoir prononcé ces paroles, le brahmane, pour complaire à sa femme, fit des

---

1. Ce sont les six ouvrages appelés d'un même nom Vedânga.

2. Les noms indiens sont : Ayur-Veda, Dhanur-Veda, Gândharva-Çâstra, Çilpa-Çâstra.

supplications aux dieux de sa famille. La récompense de cet acte méritoire fut que le brahmane eut un fils de la brahmanî; on l'appela Devadatta. Le père de Devadatta lui fit lire assidûment les Çâstras, le maria, puis, s'appliquant à méditer sur le Samsâra, il se mit de sa personne à parcourir les étangs consacrés, pendant que Devadatta, appliqué à la vie domestique, restait à la maison.

« Un jour que Devadatta était allé à la forêt afin d'en rapporter du bois pour le sacrifice, le roi Vikramâditya, monté sur son cheval, vint dans cette même forêt pour chasser. Il allait de lieu en lieu à travers la forêt, avec toute son armée, à la poursuite du gibier. Le roi Vikramâditya, tourmenté par la soif, errait dans la forêt, quand il se trouva face à face avec le brahmane appelé Devadatta. Le roi, apercevant ce brahmane, lui témoigna du respect et lui dit : — Hé! brahmane, j'ai bien soif; fais-moi boire de l'eau. A ces mots, le brahmane prit un fruit excellent, bien doux, bien mûr, de l'eau bien fraîche et offrit le tout au roi. Le roi mangea le fruit, but l'eau et fut complètement remis. Après quoi le brahmane lui montra le chemin, et il retourna chez soi.

« Un autre jour, le roi, étant en conversation avec ses conseillers, raconta aux personnes qui formaient la réunion comment le brahmane Devadatta l'avait secouru et fit longuement l'éloge du brahmane. Le brahmane le sut et fit en lui-même ces réflexions : « J'ai rendu service à un personnage éminent; par ce service, cet éminent personnage est lié envers moi pour toute sa vie. Je veux voir jusqu'où ira la reconnaissance du roi. » Ayant fait ces réflexions, il trouva le moyen d'enlever le fils du roi, l'emmena chez lui et le garda. Dès que le roi se fut aperçu de la disparition de son fils, il envoya des troupes de messagers en divers lieux pour le chercher. Les troupes de messagers ne trouvèrent nulle part la personne du fils du roi, et le roi, avec son entourage, fut excessivement troublé à cause de son fils.

« Sur ces entrefaites, le brahmane Devadatta mit un jour un des ornements du fils du roi entre les mains de son serviteur en le chargeant d'aller le vendre au marché. Le serviteur s'arrêta devant la boutique d'un marchand et lui offrit cet objet. Là-dessus, les gens du roi, ayant aperçu le serviteur du brahmane porteur de l'ornement (royal), se saisirent de lui et le conduisirent au roi. Le roi, fixant ses regards sur le serviteur, le questionna : — Cet ornement est à mon fils; où l'as-tu pris? où est mon fils? — Cet ornement, grand roi, répondit l'homme, un brahmane appelé Devadatta me l'a remis pour le vendre, et je suis allé le vendre; je ne sais rien de plus. — Dès que le roi eut entendu cette réponse, il envoya un messager, fit venir Devadatta en sa présence et questionna le brahmane : « Tu as remis cet ornement à l'homme que voici pour le vendre? — Oui, répondit le brahmane, je le lui ai donné. — Et où as-tu pris cet ornement? reprit le roi. — Je l'ai pris sur ton fils, répondit le brahmane. — Et où est mon fils? demanda le roi. — Il est mort, dit le brahmane. — Et comment est-il mort? reprit le roi. — Je l'ai tué, répondit le brahmane. — Le roi reprit aussitôt : Toi, un brahmane, un pandit savant et juste, pourquoi, sans avoir reçu aucune offense, as-tu fait périr l'enfant du roi? — C'est par cupidité que cette mauvaise pensée m'est venue.

« Aussitôt le roi interrogea du regard ses conseillers. Les conseillers dirent : Grand roi, l'homme qui a fait périr les gens du roi, cet homme-là le roi le fait périr à l'instant même. Celui-ci a fait périr le fils du roi; il est juste de le faire périr. Mais c'est un brahmane; dégrade-le donc et bannis-le, avec son entourage, loin de sa demeure. — Le roi, se souvenant du service que le brahmane lui avait autrefois rendu, ne tint pas compte de la parole de ses conseillers; il fit grâce au brahmane et donna l'ordre de le laisser libre.

« Le brahmane, voyant l'excellence du roi, fut très content; il rentra chez lui, fit prendre un bain au fils du roi, le fit manger, lui fit mettre des parures et des ornements et l'amena en cet état dans le conseil du roi. A la vue de son fils, le roi éprouva la joie la plus vive; il pressa son fils sur sa poitrine et dit au brahmane : Hé! brahmane, dans quelle intention as-tu agi de la sorte? Je ne puis le comprendre. — Je me suis demandé, répondit le brahmane, de quelle manière tu te sentais lié par le service que je t'ai rendu précédemment. C'est pour m'en rendre compte que j'ai fait cette action. — Aussitôt le roi donna au brahmane beaucoup de richesses et lui témoigna une vive satisfaction. Après quoi, le brahmane s'en retourna chez soi. »

Après avoir fait ce récit, la quatrième figure ajouta : « Hé ! roi Bhoja, si ta reconnaissance est semblable à celle de l'auguste Vikramâditya, telle que tu l'as entendue de ma bouche, alors tu es digne de t'asseoir sur ce trône. » — Le roi, comprenant qu'il n'y avait pas en lui une semblable gratitude, se désista pour ce jour-là.

RÉCIT DE LA 5ᵉ FIGURE

L'AUGUSTE roi Bhoja prit encore une fois une décision au sujet de son sacre ; il se dirigea vers le trône, accompagné de ses conseillers. Quand il fut tout près, la cinquième figure dit : « Ecoute, roi Bhoja ! Celui-là seul peut siéger sur le trône de Vikramâditya, qui a une générosité pareille à celle du roi Vikramâditya. — Cette générosité du roi Vikramâditya, dit le roi, en quoi consiste-t-elle ? » — La cinquième figure reprit en ces termes : « Ecoute, roi Bhoja.

« Dans la ville d'Avantî, le roi Vikramâditya, assis sur son trône au milieu de ses conseillers, expédiait les affaires du royaume. Sur ces entrefaites, le gardien du parc vint à la porte du roi et dit au portier : Il faut que je me présente devant le roi, fais le savoir au grand roi. — A ces mots, le portier se rendit près du roi, lui donna cet avis, puis introduisit le gardien du parc en présence du roi. Le gardien du parc porta ses deux mains à sa tête, s'inclina devant le roi et dit : Grand roi, j'ai une nouvelle à t'apprendre. Les manguiers, les cocotiers, les aréquiers, les citronniers, les orangers, les campaka, les açoka, les kimçuka, les jasmins, les palmiers, les tamâla, les çâla, les piyâla, les kadalî, les kakkola, les labanga, les cardamomes, les katakî, les kunda, les damanaka, en un mot, tous les arbres et plantes qui sont dans ton jardin de plaisance ont de jeunes pousses, des fleurs et des fruits : c'est le moment de se divertir au bois.

« A l'ouïe de ce discours, le roi avec la troupe de ses rânîs, entouré d'esclaves et de danseuses, se rendit au jardin. Arrivé au jardin de plaisance, le roi, versé dans l'art des embrassements, des baisers, des rires et des danses raffinées, des coquetteries, des jeux, des agaceries, des gestes, en un mot dans les divertissements ingénieux, se mit, avec les charmantes et ravissantes beautés de son entourage, tantôt à cueillir des fleurs, tantôt à jouer avec de l'eau, tantôt à chanter, tantôt à s'exercer sur la balançoire, tantôt à entrer dans un bouquet de kadalî, tantôt à satisfaire les désirs de celles des femmes de sa troupe (qui en éprouvaient). Voilà comment, dans la saison du printemps, l'auguste Vikramâditya goûtait de diverses manières les jouissances et les douceurs mondaines.

« Cependant un ascète qui, dans un coin de la forêt, avait passé beaucoup de temps à user son corps dans de rudes mortifications de tout genre, était venu visiter le parc du roi. Pendant qu'il le parcourait, ses idées furent changées, et il se mit à faire les réflexions suivantes : J'aurais pu porter des habits somptueux et me parer d'ornements divins, m'oindre de parfums divins, me nourrir de mets succulents et inouïs, me coucher sur des lits magnifiques, respirer des odeurs agréables, mâcher du bétel mélangé de muscade, de girofle, de cardamome, de karpura, etc., entendre des chants et des instruments, voir danser des danseurs et des danseuses, folâtrer et rire avec des femmes d'une beauté parfaite, me livrer au plaisir avec de jeunes femmes ; toutes ces jouissances qui s'offraient à moi, que j'avais à ma disposition, je n'en ai pas profité; je me suis livré aux mortifications en vue du bonheur du Svarga. En m'adonnant pendant si longtemps aux mortifications pour un bonheur d'une réalité douteuse, invisible, je n'ai fait que me tromper moi-même. Tous ces gens qui, à cause de l'être suprême, renonçant à jouir du bien-être présent afin de s'assurer le bien-être futur, se rasent, saupoudrent de cendres tous leurs membres, ne se couvrent que de haillons, sont eux-mêmes les artisans de leur malheur. Je ne chercherai plus d'éclat que dans ce monde. Quelles preuves a-t-on d'un bonheur futur?

« Déchu de son yogisme par la conception de ces pensées matérialistes, le yogî, qui ne songeait plus qu'à se procurer les jouissances mondaines, alla se présenter devant le roi.

Le roi, voyant ce yogî, lui témoigna beaucoup de respect, s'inclina devant lui, et, désireux de connaître le motif de sa visite, lui dit : Hé! yogî, pourquoi es-tu venu près de moi? — Grand roi, répondit le yogî, voilà bien du temps que je me livre aux mortifications dans cette forêt. Aujourd'hui, la divinité que j'invoque (habituellement) s'est montrée bien favorable; elle m'a donné cet ordre : Va près de l'auguste roi Vikramâditya ; il comblera tes désirs. — C'est pour cela que je me suis rendu près de toi.

« En entendant ces paroles du yogî, le roi se dit : Ce yogî, pour n'avoir pas bien saisi le sens des Çâstras, est déchu de son yogisme ; il s'est rendu malheureux par le désir des jouissances mondaines. Or, il faut satisfaire le désir des malheureux. — En faisant ces réflexions, il prit une détermination. Voici laquelle : au milieu d'une ville, il fit construire une maison superbe et la donna au yogî. Il lui donna aussi cent jeunes femmes couvertes d'ornements variés, cent villages, une quantité de richesses, d'esclaves mâles et femelles, de vaches, de buffles, d'éléphants, de chevaux, etc. Après quoi, s'élevant au moyen de ses chaussures magiques, il rentra dans la ville royale par le chemin des airs avec la rapidité du vent. Quant au yogî, il goûta des jouissances et des délices supérieures à tout ce qu'il avait désiré. »

La cinquième figure dit encore au roi Bhoja : « Hé! roi Bhoja, si tu as une capacité de générosité telle que celle-là, tu es digne de t'asseoir sur ce trône. »

Le roi Bhoja, ce jour-là, s'en alla (comme il était venu).

RÉCIT DE LA 6ᵉ FIGURE

L'auguste roi Bhoja prit encore une fois la détermination de monter sur le trône pour s'y faire sacrer. A ce moment, la sixième figure se mit à rire et dit : « Ecoute, roi Bhoja, celui qui porte secours aux autres, comme le roi Vikramâditya, est digne de s'asseoir sur ce trône. » — A ces mots, le roi dit : « En quoi consistait cette qualité secourable du roi Vikramâditya ? » — La figure reprit : « Fais de la pratique de l'héroïsme l'objet de tes méditations :

« De la ville d'Avantî le roi Vikramâditya exerçait la domination sur tous les pays. Les habitants des contrées soumises à son empire pratiquaient chacun les devoirs de sa caste, sans jamais commettre de transgressions; ils observaient continuellement les préceptes des Çâstras, ne mettaient jamais leur satisfaction dans l'injustice, faisaient toujours des efforts pour s'entr'aider. A la fin de leur vie, ils ne tenaient pas des discours menteurs ¹, et, comprenant que leur corps n'était pas destiné à durer, ils méditaient constamment par la science sur l'âme suprême.

« Il y avait dans cette ville un marchand nommé Dhanadatta. Ce Dhanadatta était si riche que lui-même ne connaissait pas le compte de ses richesses, et des catégories d'objets qui n'existaient dans aucune ville se trouvaient dans la maison de Dhanadatta. Un jour, Dhanadatta fit cette réflexion : Les bons offices servent pour l'autre monde. Si je n'acquiers pas cette sorte de mérites, quelle sera ma destinée? — Cette idée s'étant bien fixée dans son esprit, il pratiqua largement et en diverses manières la loi du don, puis alla en pays étranger pour visiter les étangs sacrés. Après avoir passé par divers étangs, il arriva à une île de la mer. Il y

---

1. C'est-à-dire : niant la vie future.

avait là un autel d'une divinité ; près de l'autel était un lac et, aux quatre côtés du lac, un quai enchâssé de pierreries et de cristaux. On voyait en ce lieu une femme supérieurement belle et un homme divinement beau : seulement leurs têtes avaient été coupées, elles étaient à part ; et, près de ces têtes, quelques lignes gravées sur un rocher [1] annonçaient que, si quelque excellent personnage se coupait la tête pour la donner comme offrande, cet homme et cette femme reviendraient à la vie. Instruit de cette merveille par tout ce qu'il avait vu, Dhanadatta, en quittant l'étang, retourna dans sa demeure.

« Un jour, Dhanadatta, dans une conversation avec le roi, lui raconta cette aventure. A l'ouïe de ce récit, le roi fut bien étonné et dit : Dhanadatta, viens avec moi en ce lieu ; je suis curieux de voir cela. — Cette détermination prise, le roi, emmenant Dhanadatta, se rendit en ce lieu et, une fois arrivé, vit de ses propres yeux que tout était comme

---

1. L'habitude d'écrire sur le roc est prouvée par les inscriptions de ce genre qui ont été découvertes depuis une cinquantaine d'années. — Elle n'est pas spéciale à l'Inde.

Dhanadatta le lui avait dit précédemment. Il fit alors cette réflexion : Quiconque est un homme supérieur expose sa vie pour rendre service aux autres. Si je donne ma vie, les corps de ces deux individus, femme et homme, reprendront vie ; c'est là une action supérieure ; il faut de toute nécessité l'accomplir. On a beau veiller sur son corps, on ne peut éviter la mort. En rendant service aux autres, on meurt, mais aussi, dans l'autre monde, on a une destinée excellente.

« Pénétré de cette pensée, le roi Vikramâditya se baigna dans le lac, puis se mit en devoir de se couper lui-même la tête en présence de la déesse. Là-dessus, la divinité, se montrant favorable, arrêta la main du roi et dit : O roi, tu es un homme supérieur ; je suis contente de toi. Demande ce que tu désires. — Le roi répondit : Hé ! divinité, si tu m'es propice, rends la vie à ces deux personnes, cet homme et cette femme, et accorde leur la royauté de ce lieu. — La divinité, ayant entendu ces paroles, dit : Hé ! Vikramâditya, tu es un homme excellent ; pour rendre service aux autres, tu es prêt à perdre la vie. — A ces mots, la divinité rendit la vie à cette femme et à cet homme, leur donna la royauté de ce lieu et disparut. Comme un homme endormi se dresse quand son sommeil est interrompu, ainsi cet homme et cette femme se relevèrent et, par la faveur de la divinité, devinrent roi et reine de ce lieu. Quant au roi Vikramâditya, il rentra dans sa capitale. »

La sixième figure ajouta : « Grand roi, écoute ! Voilà comment le grand roi Vikramâditya était secourable aux autres. Si cette même qualité d'être secourable aux autres est en toi, alors tu es digne de t'asseoir sur ce trône »

Le roi Bhoja, sachant bien que cette qualité d'être secourable aux autres n'existait pas en lui, se retira encore ce jour-là.

RÉCIT DE LA 7ᵉ FIGURE

Une autre fois encore, le roi Bhoja, pour se faire sacrer, vint jusqu'auprès du trône. A peine y fut-il arrivé, que la septième figure dit : « Ecoute, roi Bhoja, celui-là seul est capable de s'asseoir sur le trône qui rend service à tous les êtres comme le roi Vikramâditya. » A ces mots, le roi, désireux de savoir, dit : « Hé ! figure, en quoi consistait cette qualité qu'avait le roi Vikramâditya de rendre service à tous les êtres vivants ? » La figure reprit : « Hé ! roi Bhoja, écoute la conduite héroïque de Vikramâditya :

« Dans la ville Avantî, le roi Vikramâditya exerçait la royauté suprême. Un jour, il donna cet ordre à ses suivants : Apprenez ce qui se passe dans les divers pays, et venez (me le dire). — Les serviteurs, conformément à cet ordre, parcoururent divers pays et arrivèrent dans celui de Kâçmir. Un homme riche y avait fait creuser un lac extrêmement grand dans lequel il n'y avait pas d'eau. Par la suite, (on entendit) une voix aérienne (qui disait) : Si un homme supérieur livre son corps en offrande, alors il y aura de l'eau dans l'étang; autrement, il n'y aura pas d'eau. — Après avoir entendu cette voix divine, ce riche personnage fit (faire) un homme en or et du poids de dix charges qu'il tint en garde près de l'étang, et fit graver à cet endroit sur le roc la phrase suivante : Celui qui livrera son corps en offrande, je lui donnerai cet homme en or. — De tous ceux qui, venant de différents côtés, passèrent par là, nul ne consentit à livrer son corps en offrande. N'étant pas de force à le faire, ils reculaient.

« Les serviteurs du roi Vikramâditya, après avoir vu tout cela, rentrèrent dans la ville d'Avantî et en rendirent compte au roi. Quand le roi eut entendu toute cette histoire, sa curiosité fut éveillée; il se rendit au pays de Kâçmir, alla un soir au bord du lac sous un déguisement et fit ses dévotions mentales à sa divinité préférée. Après quoi, au milieu de la nuit, le roi Vikramâditya, faisant l'anjali [1], dit : Hé! divinité, après m'être humilié devant toi, je te le déclare : que cette divinité, qui ne se rassasie qu'en buvant le sang d'un sacrifice humain, boive mon sang et soit satisfaite! — A ces mots, il se coupa la tête. Aussitôt la divinité remit la tête sur le corps et dit : Hé! roi, je suis propice envers toi; demande (moi) ce que tu désires. — Le roi répondit : Hé! divinité, si tu es contente de moi, remplis donc ce lac d'eau pour rendre service à tous les êtres! — La divinité reprit : O Vikramâditya, ta fidélité au devoir est extrême; je t'accorde cette faveur. — A ces mots, elle disparut, et le roi retourna dans son pays.

« Le (lendemain) matin, les gens du pays de Kâçmir furent bien surpris de voir le lac plein d'eau. »

La septième figure ajouta : « Hé! roi Bhoja, voilà comment le roi Vikramâditya rendait service à tous les êtres : si tu as une qualité semblable, tu es digne de t'asseoir sur ce

---

1. Voir pages 56 (note 4) et 58 (l. 6 et 7).

trône. » En entendant ces mots, le roi Bhoja, comprenant qu'il n'y avait pas en lui un pareil principe d'action pour le bien de tous les êtres, fut tout déconcerté ce jour-là.

RÉCIT DE LA 8ᵉ FIGURE

Après cela, l'auguste roi Bhoja, prenant encore une fois tout son attirail de sacre, s'approcha du trône. Là-dessus, la huitième figure dit : « Hé! roi Bhoja, celui qui remplit les désirs des autres comme le faisait l'auguste roi Vikramâditya, celui-là seul est digne de s'asseoir sur ce trône. » A ces mots, le roi dit : « Et comment le roi remplissait-il les désirs des autres? » La figure reprit :
« Ecoute, roi :

« Dans la ville d'Avantî, le roi Vikramâditya exerçait la royauté complète. Dans cette ville demeurait le purohita [1] du roi nommé

---

[1]. Le prêtre domestique; le terme sanskrit *purohita*

Tripurâkâr, dont le fils appelé Kamâlakar était sot à l'excès. Voyant combien son fils était sot, il était sans cesse plongé dans ses réflexions. Un jour, il fit asseoir son fils près de lui et se mit à lui faire des admonitions :
— Hé! mon fils, écoute! lui disait-il. Dans le Samsâra [1], les êtres vivants n'arrivent à une naissance humaine qu'en récompense de beaucoup de mérites.

« L'être vivant qui a obtenu un corps d'homme, s'il amasse de la science, est encore propre à une naissance humaine; autrement cet être à forme humaine qui a raisonné en bête, au point que, dans son esprit, dans sa manière de penser, dans toutes ses occupations comme celles de se coucher, de s'asseoir, de manger, etc., on ne distingue pas l'homme de la bête, cet homme se rapproche insensiblement de la bête. La science de la bête n'est pas la science de l'homme; par conséquent, celui qui n'a pas la science de l'homme, com-

---

correspond à peu près (*mutatis mutandis*) à « chapelain ».

1. *Samsâra*, « le monde de la transmigration ». On ne peut pas traduire simplement par « le monde », terme qui ne réveille pas pour nous la même idée que Samsâra pour les Hindous.

ment ne serait-il pas une bête? Vois combien l'instruction est préférable à la royauté : un roi n'est considéré que dans son propre pays ; l'homme instruit jouit d'une égale considération dans son pays et dans les autres contrées. Vois encore combien la richesse de la science est plus précieuse que toutes les richesses du Samsâra; ces richesses ont à redouter les voleurs, le feu, le roi, etc.; la richesse de la science n'a aucune de ces frayeurs. Et encore : si on dépense toutes les richesses que l'on possède, elles sont perdues; on a beau dépenser toutes les richesses de la science, l'intelligence demeure. Semblablement, on ne trouve pas toujours d'autres richesses (pour remplacer les anciennes); mais la richesse de la science se retrouve toujours. Songe encore que la science est un ornement supérieur à toutes les parures, car les autres ornements brillent bien sur les enfants et les jeunes gens, mais ne brillent pas sur les vieillards; la science a son éclat dans tous les âges. Hélas! mon fils, tu n'as pas acquis la science; aussi ta vie est-elle semblable à la mort. En pesant les résultats, je me dis que, entre ces trois choses : ou n'avoir pas de fils, ou en avoir un et le perdre, ou en avoir un qui échappe à la mort et vive, mais soit insensé, mieux vaut n'en avoir pas, ou, si l'on en a un, le perdre. Ce n'est jamais une bonne chose qu'un (fils) insensé reste en vie. Aussi, quand un fils qui n'a pas médité sur sa destinée future est retiré de ce monde et meurt, le chagrin qu'on éprouve dure au plus un mois ou deux. Un fils insensé est pour son père et sa mère une cause perpétuelle de chagrins. C'est pour cela que je dis : la mort d'un fils insensé est un bien.

« Kamalâkar, ayant entendu toutes ces paroles de son père, partit pour les pays étrangers, afin d'amasser de la science. Il se trouva un jour dans le pays de Kâçmîr. Dans ce pays était un brahmane versé dans tous les Çâstras; il s'appelait Candramaulî. Kamalâkar s'attacha à ce brahmane pour obtenir la science. Candramaulî le brahmane, très satisfait de la docilité de Kamalâkar, lui donna le Siddhimantra [1] de Sarasvatî [2]. Par la puissance du Siddhimantra, Kamalâkar devint habile dans les dix-huit sciences [3].

---

1. Talisman ou plutôt formule magique.
2 Voir le récit premier (page 37, note 3).
3. Voir le quatrième récit (pages 49-50).

« Après cela, Kamalâkar se rendit dans la ville de Kâncî. Il y trouva une jeune fille nommée Naramohinî [1] qui se tenait dans une maison où nulle autre personne n'habitait. La porte en était toujours ouverte. L'architecte de cette maison était un Râxasa nommé Durjaya ; il y venait (chaque jour) à la tombée de la nuit. Si quelque étranger entrait dans cette maison et s'y arrêtait troublé par la vue de la jeune fille, le Râxasa, arrivant à la tombée de la nuit, le dévorait. Plusieurs passants moururent de cette manière.

« Kamalâkar avait entendu raconter toute cette histoire. De retour dans son pays, il la rapporta un jour au roi et ajouta : O grand roi, donne-moi cette femme si belle. — Le roi y consentit ; il prit Kamalâkar avec lui et se rendit à Kâncîpurî près de la jeune fille Naramohinî. A la vue de cette jeune fille, le roi n'éprouva pas le moindre trouble ; il était, au plus haut degré, ferme et maître de ses sens. Ensuite, à la nuit, le Râxasa tenta de manger le roi. Au premier cri, le roi porta la main à la garde de son épée et se mit en devoir de combattre ; il engagea aus-

---

1. « Celle qui trouble les hommes »..

sitôt avec le Râxasa un combat varié et parvint à le tuer.

La jeune fille Naramohinî fut bien contente du meurtre du Râxasa; elle adressa beaucoup d'éloges au roi et lui dit : O roi, tu m'as délivrée du Râxasa, tu m'as donné la vie; aussi je me réfugie en toi. — Le roi, entendant ces paroles de la jeune fille, répondit : O jeune fille, si vraiment tu te réfugies en moi, prodigue tes tendresses à celui que je vais te désigner : Kamalâkar que voici est très savant, et il m'est excessivement cher; prends-le pour époux et honore-le (comme tel). — La jeune fille accepta la proposition du roi.

« Après avoir donné de cette manière la belle jeune fille à Kalamâkar, l'auguste Vikramâditya rentra dans sa capitale; Kamalâkar prit la belle jeune fille et retourna chez lui. »

La huitième figure ajouta : « O roi Bhoja, tu as entendu comment le roi Vikramâditya remplissait les désirs des autres. S'il y a en toi une telle aptitude à remplir les désirs des autres, alors tu es digne de t'asseoir sur ce trône. » Après avoir entendu ces paroles, le roi Bhoja s'en alla, ce jour-là encore, la tête basse.

RÉCIT DE LA 9ᵉ FIGURE

Un autre jour, le roi Bhoja prit encore une fois la détermination de s'asseoir sur le trône pour se faire sacrer. Comme il s'y rendait, la neuvième figure lui dit : « Hé ! roi Bhoja, écoute ! Celui qui a une grandeur égale à celle de Vikramâditya, celui-là seu est capable de s'asseoir sur ce trône. » En entendant ces mots, le roi dit : « Hé ! figure, en quoi consistait cette grandeur de Vikramâditya ? » La figure reprit : « Ecoute, roi Bhoja.

« Dans la ville d'Avanti, l'auguste roi Vikramâditya exerçait la royauté. Un yogî arriva dans cette ville et se tint au milieu du parc. Ce yogî savait tout ; sa parole était toute puissante; il était libre de désirs, complètement affranchi de tout attachement. Ce qu'il disait à qui que ce fût réussissait infailliblement. Le roi apprit tout le cas de ce yogî par la rumeur publique, et lui dépêcha les pandits de son conseil avec l'ordre de le lui amener. Le yogî ne se rendit pas à l'invitation que les pandits lui firent de la part du roi, il leur répondit : L'homme qui est sans désirs considère comme un brin d'herbe une femme d'une beauté sans pareille : celui qui est sans péché considère Yama [1] comme un brin d'herbe; celui qui n'a point de cupidité considère la royauté et la souveraineté comme un brin d'herbe.

« Les pandits, revenus près du roi, lui redirent ce qu'ils avaient entendu de la bouche du yogî. A l'ouïe de leur rapport, le roi dit : Le yogî a bien parlé; des gens sont venus lui demander de venir près du roi; c'est moi qui l'ai fait chercher, et il n'est pas venu. J'en conclus que ce yogî a parlé avec un désintéressement extrême.

« A la suite de ce raisonnement, le roi se rendit lui-même auprès du yogî, qui, voyant

---

1. Le dieu des morts, l'Hadès et le Pluton des Indiens.

les insignes royaux et les signes du grand homme sur (la personne du) roi, fut extrêmement satisfait et donna au roi un fruit divin. En même temps, il lui expliqua la vertu de ce fruit : celui qui mange ce fruit est à l'abri de la vieillesse, de la mort, de la maladie [1].

« Le roi prit le fruit et s'en retournait chez lui, lorsque, sur sa route, il aperçut un individu extrêmement malade : ému de pitié, il lui donna le fruit. »

La neuvième figure (continuant) dit au roi Bhoja : « Si tu as toutes ces qualités, alors tu es digne de t'asseoir sur ce trône. » Le roi Bhoja comprit qu'il n'avait pas ces qualités, et, ce jour-là encore, il tourna le dos et s'en alla.

1. Voir : Introduction (page 11).

RÉCIT DE LA 10ᵉ FIGURE

Une autre fois encore, l'auguste roi Bhoja s'approcha du trône pour se faire sacrer. La dixième figure, en voyant le roi, se mit à sourire et dit : « O roi Bhoja, tu n'es pas digne de t'asseoir sur ce trône. un roi tel que Vikramâditya peut seul y prendre place. — Quel était donc le roi Vikramâditya? » dit le roi. — En entendant cette question, la dixième figure dit : « Ecoute, je vais te dire quelles étaient les qualités de Vikramâditya.

« Un jour, l'auguste Vikramâditya s'éleva au moyen de ses chaussures magiques pour explorer la terre, et parcourut ainsi diverses contrées. Il aperçut en un certain lieu, dans l'antre vaste et profond d'une montagne, un arbre ravissant comme il n'en avait jamais vu, et vint au pied de cet arbre. Or c'était la résidence d'un oiseau appelé Longue-vie (cîrajîva). La troupe qui formait le cortège de cet oiseau, après avoir été en divers lieux chercher de la nourriture, revint sur l'arbre, et les oiseaux se mirent à parler ensemble.

« Sur ces entrefaites, un des oiseaux dit : J'éprouve aujourd'hui une grande douleur. — Tous les oiseaux lui firent alors cette question : Quelle douleur éprouves-tu ? — L'oiseau reprit : Ecoutez, pour la bien retenir, la circonstance qui me cause cette profonde douleur. Au milieu de l'Océan est une île ; le roi de cette île est un Râxasa, les habitants sont des hommes. Un jour, ce Râxasa entreprit de les manger tous. Les habitants, épouvantés, tinrent conseil et dirent : « Hé ! Râxasa, tu es notre roi à tous, nous sommes tes sujets : garder tes sujets est ton devoir de roi. Tu es roi et tu t'efforcerais de manger tes sujets ! Ce n'est pas convenable. Nous te donnerons chaque jour, régulièrement et successivement, un homme. — Depuis lors le Râxasa a, chaque jour, un homme pour sa nourriture, et se montre satisfait ; il ne fait pas de mal aux (autres) créatures. Je suis allé aujourd'hui en promenade dans ce pays; j'y ai un ami qui a un fils. Or, c'est aujourd'hui le tour de mon ami de livrer un homme, en sorte que le fils de mon ami va être mangé par le Râxasa : c'est à cause de cela que j'éprouve une extrême douleur.

« Le roi Vikramâditya qui se tenait au pied de l'arbre entendit le discours de l'oiseau ; il s'éleva au moyen de ses chaussures magiques et se rendit dans le pays où régnait le Râxasa. Le fils de l'ami de l'oiseau, destiné à livrer son corps en pâture au Râxasa se tenait là, excessivement troublé par la crainte de la mort, dans le lieu où le Râxasa prenait ses repas. Le roi Vikramâditya arriva en ce lieu, et dit : Hé ! mon enfant, va-t-en chez toi, je prendrai ta place et je livrerai mon propre corps en pâture au Râxasa. » — L'enfant répondit : Qui es-tu, homme vertueux, qui me donnes, (l'occasion) de faire connaissance avec toi ? — Tu n'as pas besoin de faire connaissance avec moi, repartit le roi. — L'enfant, ayant entendu les paroles de Vikramâditya, fut très réjoui et s'en retourna chez lui. Le roi Vikramâditya, sans crainte et le visage souriant, resta dans la salle à manger du Râxasa. A l'heure du repas, le Râxasa entra en ce lieu et, voyant l'homme éminent, lui dit : O homme, l'heure de ta mort est arrivée, tu n'as point de peur et tu souris ! Qui es-tu donc, toi qui m'accordes de faire connaissance avec toi ? — Vikramâditya répondit : Qu'est-il besoin de faire connaissance ? Mange-moi. — Le Râxasa content dit : O homme excellent, tu es fort vertueux, je suis content de toi. Demande-moi ce que tu désires d'entre les choses qui sont dans mes états. — Le roi lui répondit : Si tu es content de moi, ne fais plus de mal aux créatures à partir d'aujourd'hui. » — Aussitôt le Râxasa donna son assentiment en disant : Qu'ainsi soit ! — Le roi, s'élevant au moyen de ses chaussures magiques, retourna dans sa capitale; et depuis, les sujets du Râxasa ne furent plus molestés. »

Après avoir raconté cette histoire, la dixième figure ajouta : « Si tu as une telle capacité de venir en aide aux autres, alors tu es digne de t'asseoir sur ce trône. » A l'ouïe de ces paroles, le roi Bhoja renonça (au sacre) encore ce jour-là.

RECIT DE LA 11e FIGURE

Un autre jour encore, le roi Bhoja, voulant se faire sacrer, s'approcha du trône pour s'y asseoir. Sur ces entrefaites, la onzième figure dit : « Roi Bhoja, écoute. Celui-là seul parviendra à s'asseoir sur ce trône, dont la grandeur est égale à celle de Vikramâditya. » Le roi dit : « Eh! figure, en quoi consiste la grandeur de Vikramâditya? » La figure dit : « Eh! roi Bhoja, écoute!

« Il y avait dans les Etats du roi Vikramâditya un grand personnage appelé Bhadrasena, qui mourut après avoir amassé et gardé avec soin des richesses considérables. Son fils appelé Purandara se mit à dissiper tous ces biens dans de folles dépenses. Les voisins ne songeant pas à l'en empêcher, un ami du père de Purandara, un savant brahmane, vint trouver Purandara et lui dit : O fils de mon ami, ces richesses qu'il a conservées par des efforts si variés, car elles ne sont pas stables (de leur nature), ces richesses, tu les gaspilles aisément et à tort. La grandeur de l'homme consiste à garder la richesse. Cette richesse, Laxmî en a fait un enseignement [1] ; Vichnu s'est rendu par force le maître de Laxmî, et c'est lui qui est devenu par là) le seigneur du monde. Cette Laxmî est née de la mer ; de là vient que le nom de la mer est Ratnâkar (mine des joyaux). C'est au sein de Laxmî qu'est né Kandarpa [2] ; et c'est à cause de cela que Kandarpa l'a pris de haut, orgueilleusement avec Brahmâ et les autres dieux. Réfléchis donc et comprends que le peu de grandeur et d'orgueil de l'homme dépend tout entier de la faveur de Laxmî. Voilà pourquoi je dis : ces richesses

---

1. Ou un livre (*Çâstra*). Laxmî est la déesse de la félicité, la déesse *Fortune*.

2. Le dieu de l'amour.

qui (ne) sont (pas autres que) Laxmî, il n'est pas convenable de les prodiguer ainsi.

« A ce discours du Brahmane Purandara répondit : Eh! brahmane, écoute : ce qui doit nécessairement arriver, arrive en dépit de tous les efforts, comme l'eau de la noix de coco. De même les biens qui doivent infailliblement disparaître s'en vont ; de quelle façon s'en vont-ils ? — Personne ne peut le préciser ; c'est comme la graine du fruit du kapiltha mangée par un éléphant. Ainsi on a beau faire des efforts pour garder la richesse, qu'en adviendra-t-il?

« Après avoir ainsi repoussé le discours du brâhmane, Purandara renouvela ses dépenses de jour en jour, et devint extrêmement pauvre ; aucun de ceux qu'il approchait ne faisait plus cas de lui. Devenu ainsi l'objet du dédain universel, Purandara fut extrêmement troublé et fit en lui-même ces réflexions : Une forêt comme celles où demeurent les tigres et les autres animaux féroces, une forêt où l'on a pour demeure le pied des arbres, pour nourriture leurs feuilles et leurs fruits, pour vêtement leur écorce, et pour lit l'herbe, est assurément la résidence qui convient le mieux à un homme privé de toutes les richesses qu'il possédait); il ne lui vaut rien d'habiter près de parents que leur opulence enorgueillit. — Après avoir roulé ces pensées dans son esprit en plusieurs manières, Purandara partit pour les pays étrangers.

« En errant par diverses contrées, il arriva près d'une ville voisine du Mont Malaya, et qui s'appelait Pîtapur. Dans cette ville, il entendit de nuit les pleurs d'une femme qui pousssait des cris lamentables. Dès que le matin fut arrivé, il s'informa auprès des gens de la ville : Hier, dit-il, pendant la nuit, j'ai entendu pleurer une femme. — Les villageois lui répondirent : Nous aussi, chaque jour, pendant la nuit, nous entendons ces mêmes lamentations de femme ; mais nous ne savons qui est cette femme qui pleure ainsi. En entendant ces plaintes continuelles, nous redoutons quelque malheur et nous sommes dans des transes perpétuelles.

« Quand Purandara fut rentré dans son pays quelques jours après son arrivée, il raconta cette histoire au roi Vikramâditya. Le roi, l'ayant entendu, eut l'esprit envahi par la curiosité, et, pour connaître les particularités du chagrin de cette femme, il s'éleva à l'aide de ses souliers magiques, accompagné de Purandara, et se rendit à Pîtapur. Dès qu'il y fut arrivé, il se mit à chercher : non loin de cette ville était une épaisse forêt, où il découvrit la femme en pleurs. Au moment où cette femme fit entendre ses plaintes, à cet instant même, il s'avança à travers la forêt, dans la direction de cette femme, le glaive en main. Arrivé près d'elle, il vit un Râxasa, à la figure épouvantable, sans pitié, qui la battait à tour de bras. A ce spectacle, le roi Vikramâditya, ému de compassion, accabla le Râxasa de reproches et lui dit : Fi! fi! pervers Râxasa, qui bats une faible femme, quelle humanité y a-t-il en toi ? Viens, combats avec moi, si tu en es capable. — En entendant ce défi du roi, le Râxasa entra dans une colère excessive, il tenta de se battre avec le roi : après avoir lutté quelque temps avec le Râxasa, le roi le tua en lui tranchant la tête avec son épée. Immédiatement, la femme, aussi contente que pourrait l'être un mort qui aurait recouvré la vie, s'avança vers le roi, fit l'anjali[1] et adressa au

1. Voir les récits 3 (p. 46, note 4) et 7 (p. 71, note).

roi des éloges : O grand roi des rois, comme Garuda, qui témoigne la bonté de sa nature en détruisant les serpents, a rendu la vie à la grenouille tombée de la bouche du serpent, ainsi, en exterminant mon Râxasa, tu m'as rendu la vie. Que ferai-je pour reconnaître ce bienfait? Je n'ai ni fils ni fille. Si j'avais un fils ou une fille, je te l'offrirais pour te servir. — Après avoir prononcé ces paroles de soummission, elle tomba aux pieds du roi. Se relevant aussitôt, elle lui dit : « A dater d'aujourd'hui, considère-moi comme ton esclave ; j'ai neuf cents vases d'or tout remplis d'or; considère toutes ces richesses comme tiennes. » — Le roi, ayant entendu les paroles de soumission de cette femme, accepta tout ce qu'elle avait de richesses, mais pour le donner à cette femme même et à Purandara. Après avoir placé Purandara dans cette situation, il s'éleva à l'aide de ses souliers magiques et rentra dans sa demeure. »

La onzième figure, après avoir fait ce récit au roi Bhoja, ajouta : « Eh! roi Bhoja, tu as entendu (quelle était) l'humanité de Vikramâditya ; s'il y a en toi autant d'humanité, assieds-toi sur ce trône, restes-y. » Le roi Bhoja, ayant entendu ce discours, se désista encore ce jour-là.

RÉCIT DE LA 12ᵉ FIGURE

Une autre fois encore, l'auguste roi Bhoja s'approcha du trône pour s'y installer. Aussitôt, la douzième figure lui dit. « Eh! roi Bhoja, pour être digne de s'asseoir sur ce trône, il faut être aussi libéral que l'était le roi Vikramâditya. » Le roi Bhoja répondit : « De quelle sorte était donc la munificence du roi Vikramâditya? » La figure reprit : « Eh! roi Bhoja, écoute :

« Un jour, l'auguste Vikramâditya, pour visiter son royaume, s'éleva à l'aide de ses chaussures magiques, et parcourut ainsi divers pays. En un certain lieu, il vit sur le bord d'un fleuve, non loin d'un temple des dieux, des brahmanes pandits qui discutaient sur le Çâstra. Vikramâditya s'approcha pour entendre leur discussion. Quand il fut tout près d'eux, il écouta. Dans la chaleur de la discussion, les pandits cherchaient surtout à soutenir respectivement leur propre thèse, et, pour cela, ils faisaient des distinctions misérables et de nature à détruire l'autorité du Çâstra. Après avoir prêté l'oreille, le roi dit : Eh! pandits, écoutez : la recherche du sens véritable du Çâstra est le fait d'un savant : quand on repousse le sens véritable et qu'on cherche à établir sa propre thèse, on ne fait pas acte de savant. Celui qui, étant savant, fait de fausses interprétations pour établir sa propre thèse et rejette le sens naturel du Çâstra, celui-là se perd lui-même et cause la perte des disciples groupés autour de lui. — A l'ouïe de ces paroles du roi, les pandits se dirent en eux-mêmes : Le savant est celui qui est capable de démêler le vrai sens et la fausse interprétation du Çâstra ; la fausse interprétation que nous en avons faite, celui-ci l'a comprise : d'où la conclusion qu'il est le premier des savants (pandits). — Après s'être communiqué cette pensée, tous, remplis de honte, cessèrent la discussion.

« Sur ces entrefaites, un homme d'une

beauté suprême arriva sur le bord du fleuve; il était mourant. Il tomba et dit à tous ceux qui se trouvaient là : Venez vite, vous; voyez! Que m'est-il arrivé? — Mais il avait beau dire : aucune des personnes présentes ne s'approcha de lui.

« Voyant cela, le roi Vikramâditya eut l'esprit pénétré de compassion; il s'approcha de cet homme, lui donna des soins comme si c'eût été un de ses plus proches parents. L'homme en fut extrêmement satisfait et dit au roi : Homme de bien! tu es mon meilleur parent; car il est véritablement un parent celui qui vient en aide à l'heure de la calamité. Aussi il y a dans ma demeure un objet divin appelé Mûlikâ; je te le donne, prends-le : quelque chose que tu demandes à cet objet, tu la recevras à l'instant. — Après avoir adressé ces paroles au roi et lui avoir remis la Mûlikâ, cet homme expira. Aussitôt un pauvre mendiant s'approcha du roi et lui demanda l'aumône (en disant) : Eh! grand roi, tu es un grand faiseur de dons; donne-moi l'aumône de manière que mon indigence prenne fin. — Le mendiant n'eut pas plutôt formulé sa demande que le roi lui donna cette Mûlikâ; puis, s'élevant à l'aide de ses chaussures magiques, il retourna dans sa capitale. »

La douzième figure dit au roi : « Eh ! roi Bhoja, si tu es ainsi compatissant et libéral, alors tu es digne de t'asseoir sur ce trône. »

Après avoir entendu ce discours, le roi Bhoja se désista cette fois encore.

DISCOURS DE LA 13e FIGURE

Un autre jour encore, le roi Bhoja s'approcha du trône pour se faire sacrer. Dans cette circonstance, la treizième figure lui dit en riant : « Hé ! roi Bhoja, celui-là seul est digne de s'asseoir sur le trône, dont la grandeur est comparable à celle de Vikramâditya. » A l'ouïe de ces paroles, le roi Bhoja dit : « O figure, en quoi consiste la grandeur de Vikramâditya ? » La figure lui répondit : « O roi, écoute avec attention la munificence de Vikramâditya :

« Un jour, le roi, poussé par la curiosité, s'éleva à l'aide de ses chaussures magiques, et, après avoir parcouru plusieurs pays, arriva dans une forêt près d'une ville. Dans un temple situé au milieu de cette forêt résidait un Siddha [1]. En voyant ce Siddha, le roi Vikramâditya lui fit la révérence avec foi. Le Siddha lui dit : Roi Vikramâditya, pourquoi es-tu venu? — Le roi répondit : Eh! Yogî, je suis bien Vikramâditya lui-même; comment le sais-tu? — Je t'ai vu auparavant dans la ville d'Avantî sur le trône royal, reprit le Siddha; tu as quitté ton royaume pour courir les pays étrangers; cela n'est pas bien. Quand un roi reste dans son pays, toujours occupé des soins de la royauté, la fortune lui demeure fidèle. Aussi ne convient-il pas au roi de se promener dans les contrées étrangères; car, s'il est hors de ses Etats, les armées ennemies s'efforceront de prendre le pays pour en jouir. — Le roi Vikramâditya répondit à ce discours : Ce qui doit nécessairement arriver est sans remède. S'il y avait un remède, le roi Nala et bien d'autres n'auraient pas tant souffert. Ainsi, tout est soumis à la fatalité. De quoi donc ai-je à me préoccuper? Aussi je veux te raconter une ancienne histoire :

---

[1]. *Siddha* (« qui a réussi »), homme arrivé à la perfection. Ce terme est synonyme de Yogî.

« Il y avait une ville appelée Padmanêshat, dont le roi avait nom Jayaçekhara. Au bout d'un certain temps, les confidents, les conseillers, les parents et alliés de ce roi s'étant conjurés se débarrassèrent de lui et l'expulsèrent du pays avec sa reine. Après avoir traversé à pied plusieurs contrées, les exilés couchèrent de nuit dans une ville au pied d'un arbre. Sur cet arbre étaient cinq Yaxas [1] qui faisaient entre eux la conversation. Un des Yaxas dit : Demain, le roi de cette ville rendra l'âme dès le matin ; il n'a pas de fils : qui sera le roi de cette ville ? — Un autre Yaxa répondit : Celui qui a fait son lit au pied de l'arbre, c'est celui-là qui sera roi. — Le roi, qui se tenait au pied de l'arbre, entendit toute cette conversation. Au matin, il prit sa femme avec lui, s'installa au milieu de la ville et resta là. Ce jour même, le roi de la ville expira : pour assurer au royaume un protecteur, les conseillers prirent l'éléphant principal et se mirent en quête d'un homme digne d'être

---

[1]. Dieux ou génies qui forment le cortège de Kuvera et gardent ses trésors ; représentés d'ordinaire comme dangereux et nuisibles, quelquefois comme inoffensifs et même bienfaisants. Dans ce récit, ils sont bienfaisants pour les uns, nuisibles pour les autres.

roi. Sur ces entrefaites, l'éléphant principal fit monter sur son dos le roi Jayaçekhara et le conduisit jusqu'au trône ; ensuite de quoi les conseillers le sacrèrent. Le roi Jayaçekhara, sacré avec sa femme, exerça la royauté sans entraves.

« Quelques jours après, les rois voisins, s'étant tous réunis, bloquèrent la ville du roi Jayaçekara ; pendant ce temps-là, le roi jouait aux dés avec la reine et ne s'occupait pas (des affaires) de son royaume. Sur ces entrefaites, la reine dit : Eh ! grand roi, je pense à une chose ; enserré comme tu l'es par le cercle des rois ennemis, ce pays ne sera bientôt plus à toi. Aussi, cherchant ton bien, je te rappelle que si un roi s'abandonne au vice, sa royauté a beau être soutenue par la richesse, l'intelligence, la capacité, elle est destinée à périr. Ce vice peut être de dix-huit espèces différentes, dont dix se rattachent à l'amour, et huit à la colère ; tel est l'ensemble des dix-huit espèces de vices. Aussi, un roi doit-il toujours se garder de l'amour et de la colère.

« Voici l'énumération des dix vices nés de l'amour : la passion de la chasse est le premier ; l'attachement au jeu de dés, le deuxième; le sommeil de jour, le troisième; l'esprit de dénigrement, le quatrième; la passion des femmes, le cinquième; l'égoïsme, le sixième; la passion de voir les danses, le septième; celle d'entendre les chants, le huitième; celle d'entendre les instruments de musique, le neuvième; la promenade au hasard et sans but, le dixième : le roi qui s'adonne habituellement à ces dix espèces de vices nés de l'amour perd tous les biens extérieurs et tous les biens moraux. — Voici maintenant l'énumération des huit vices nés de la colère : La malignité est le premier; un esprit d'hostilité non motivée envers les gens de bien, le deuxième; le désir de tuer les gens inoffensifs, le troisième; l'impatience de l'éloge d'autrui, le quatrième; l'art de découvrir ce qu'il y a de défectueux dans les qualités des gens supérieurs, le cinquième; l'action de prendre frauduleusement les richesses d'autrui et de refuser les choses qu'il est indispensable de donner, le sixième; celle de blâmer autrui, le septième; celle de donner des coups ou de maltraiter autrement les gens le huitième. Le roi qui est attaché à ces huit espèces de vices nés de la colère se perd lui-même, il perd son royaume et (est infidèle au) devoir. Toi-même, grand roi, toi qui es né d'une grande famille, tu t'es livré au jeu de dés avec ta femme d'une manière excessive, tu as renoncé à t'occuper des affaires de la royauté. Aussi je pense que, avec une extrême rapidité, nous allons être enveloppés ensemble dans le malheur.

« En donnant au roi cet avertissement, la reine était profondément affligée. Incontinent, le roi lui répondit : Eh ! ma chère, bannis toute crainte. Quand nous eûmes perdu la royauté, ce grand arbre sous lequel j'ai fait mon lit, ce grand arbre s'est bien trouvé là ; de même ces cinq individus Yaxas qui étaient sur ce grand arbre et par la faveur desquels j'ai obtenu cette royauté-ci, ces cinq individus Yaxax se sont bien trouvés là. Ainsi, ma chère, songe que tout ce qui doit arriver, arrivera infailliblement : viens donc et jouons aux dés. — Et le roi, après avoir parlé, recommença de plus belle à jouer avec la reine.

« Cependant les cinq individus Yaxas, ayant su que le malheur du roi était imminent, se mirent à délibérer entre eux : Nous avons donné un royaume à ce roi (dirent-ils) : mais ce roi est un homme excessivement méprisable; il ne fait preuve d'aucune capacité, et va tomber entre les mains de ses ennemis; si, dans ces circonstances, nous ne lui donnons aucune aide, il périra, et ce sera pour nous une grande honte. Notre grandeur doit se développer dans le monde et ne souffrir aucune diminution : c'est à nous d'y veiller. Faisons nous donc combattants pour détruire les ennemis du roi. — Cette décision prise, les cinq Yaxas firent la guerre et détruisirent les adversaires du roi.

Aussitôt la reine, en voyant cette multitude d'ennemis anéantie, comprit qu'il y avait là quelque chose de tout à fait merveilleux, et dit au roi : Eh! grand roi, que cela est merveilleux! Comment cette troupe puissante d'ennemis a-t-elle été si facilement anéantie? — Ces paroles arrivèrent aux oreilles des cinq Yaxas qui interpellèrent la reine en lui disant : Eh! vertueuse, apprends par quelle cause la multitude des ennemis de ton roi a été ainsi détruite : Nous fûmes jadis cinq poissons; l'étang dans lequel nous faisions notre demeure fut malheureusement, par suite de chaleurs brûlantes d'une certaine année, entièrement desséché et privé d'eau. Ce roi, de son côté, fut, dans ce temps passé, un potier qui venait à l'étang pour en extraire de l'argile. Nous voyant excessivement troublés, il fit dans cet étang un trou qu'il remplit d'eau et où il nous garda : ce procédé nous sauva la vie. Quelque temps après, nous, les cinq poissons, nous devînmes cinq Yaxas et le potier devint le roi Jayâçekhara. Comme il nous avait rendu service dans une existence précédente, nous lui avons témoigné notre reconnaissance pour ses bons offices en le faisant roi de ce pays. Qu'il jouisse avec toi de la royauté sans épines. — Après avoir prononcé ces paroles, les cinq Yaxas retournèrent dans leur demeure. »

« Le roi Vikramâditya ajouta : Eh! yogî, ce qui doit arriver nécessairement ne sera changé en aucune manière ; que peuvent les efforts de l'homme? — Le yogî répondit : Eh! grand roi, ce que tu as dit est contraire au Nîti-Çâstra. D'après le Nîti-Çastra, l'homme qui fait des efforts incessants est le meilleur. Dire : ce qui doit arriver arrivera, ce qui ne doit pas arriver n'arrivera pas, quelques efforts que l'on fasse, c'est parler en homme vil ; car aucun acte n'est en dehors du but que l'homme peut atteindre. et celui qui se vante d'être inactif est méprisable. Il faut donc déployer constamment son activité. Malgré tout, j'estime que tu es un grand sage; aussi, content de toi comme je le suis, je te donne ce joyau incomparable, le cintamani.

« Le roi reçut le cintamani, fut très satisfait, adressa des éloges, fit des génuflexions au Siddha, puis reprit le chemin de sa ville. Un pauvre homme qui se rencontra sur la route lui demanda de l'argent. Le roi donna à ce pauvre homme le joyau cintamani, puis, s'élevant sur ses chaussures magiques, rentra chez lui.

La figure ajouta : « Eh! roi Bhoja, telle était la grandeur de Vikramâditya; s'il y a en toi une telle grandeur, alors assieds-toi sur ce trône, et fais-toi sacrer. » — En entendant ces paroles, le roi Bhoja se retira encore ce jour-là.

RÉCIT DE LA 14ᵉ FIGURE

Une autre fois encore, l'auguste roi Bhoja s'approcha du trône pour se faire sacrer. La quatorzième figure dit au roi Bhoja :
« Eh! roi Bhoja, écoute :

« L'auguste roi Vikramâditya exerçait la royauté complète dans la ville d'Avantî. Il avait un ami appelé Sumitra, qui sortit de chez lui pour faire un voyage aux étangs sacrés. Après avoir visité divers étangs, le pèlerin s'approcha d'un étang appelé Çakrâvatar et qui appartenait à une divinité appelée Yugâdideva. Après avoir fait son offrande et adressé ses louanges à la divinité, il entra dans la ville ; là, il vit, près d'un temple des dieux, un chaudron plein d'huile brûlante exposé à un feu ardent. Il questionna les gens qui se trouvaient là et qui lui dirent : Il y a dans ce lieu une femme aux membres divins appelée Madanasanjîvanî qui est la reine de ce pays; tout ceci lui appartient. L'homme qui entrera dans ce chaudron plein d'huile sans en mourir est celui qui deviendra notre seigneur.

« Après avoir recueilli ce propos de la bouche de ces gens, Sumitra vit Madanasanjîvanî; il admira ses formes, sa prestance, sa beauté, ses charmes et devint fou d'amour. De retour dans la ville d'Avantî, il informa l'auguste Vikramâditya de toute cette aventure. Après avoir entendu le récit de Sumitra, le roi fut tout entier à la curiosité; il alla près du chaudron plein d'huile et sauta dans le liquide. A la nouvelle de cet événement, Madanasanjîvanî arriva; quand elle vit devant elle l'auguste Vikramâditya, elle oignit d'Amrita le corps brûlé (du roi) qui redevint tel qu'il était auparavant, sans brûlure et sans souffrance. La belle aux membres divins dit à Vikramâditya : Eh! grand roi, c'est une grande qualité chez un roi que (de savoir subir) de cruelles souffrances; or, quelle plus grande souffrance peut-on subir que celle qui

RÉCIT DE LA QUATORZIÈME FIGURE

consiste à entrer dans un chaudron d'huile bouillante ? C'est pour éprouver l'humanité du roi que j'ai disposé cet appareil ; j'estime que ton humanité est très grande. Aussi je suis contente de toi. Sois avec moi le maître de ce pays Ratnavatî.

« Après avoir imaginé de tels moyens de prendre le roi par diverses sortes de paroles affectueuses, elle dit encore au roi : Eh! grand roi, tu es riche dans ce Samsâra, puisque tu as su garder ton cœur de toutes convoitises pour une femme aussi belle que moi, aussi bien que pour une félicité royale telle que la mienne.

« A ce moment, le roi, sur un signe de Sumitra, fit son ami Sumitra roi de ce pays, et lui donna en même temps Madanasanjîvanî ; après quoi, il retourna dans sa capitale. »

La quatorzième figure, après avoir fait ce récit à l'auguste roi Bhoja, ajouta : « S'il y a en toi une pareille munificence, alors tu es digne de t'asseoir sur ce trône. » En entendant ces paroles, le roi Bhoja se retira encore ce jour-là.

RÉCIT DE LA 15ᵉ FIGURE

Une autre fois encore, l'auguste roi Bhoja s'approcha du trône pour se faire sacrer. En le voyant venir, la quinzième figure dit : « Eh! roi Bhoja, écoute quelles conditions doit remplir celui qui est digne de s'asseoir sur ce trône. — Dis en quoi consistent ces conditions, » repartit le roi. La figure reprit en ces termes :

« L'auguste Vikramâditya, après avoir réuni une armée formée de quatre corps bien comptés, celui des éléphants, celui des chevaux, celui des chars, celui des fantassins, avait conquis toutes les contrées, réduit tous les rois sous sa puissance. Il siégeait un jour au milieu de son conseil avec ses législateurs, ses agents exécuteurs de ses ordres, les savants de son conseil et d'autres personnages. Sur ces entrefaites, les gardiens du jardin de plaisance vinrent en présence du roi ¹, firent l'anjali et dirent : Eh! grand roi, le roi de toutes les saisons, le printemps, a fait son entrée dans la multitude des bosquets, théâtres de ses jeux. Les bosquets et les allées, les arbres couverts de jeunes pousses, chargés de grappes de fleurs et de fruits brillent d'un éclat superbe. Tous les étangs resplendissent de plantes aquatiques; les guirlandes d'abeilles, ivres de miel, font entendre des sons agréables; le kokila pousse les doux cris de l'accouplement.

« A l'ouïe de ces paroles des gardiens du parc, le roi, avec son entourage, se rendit à son jardin de plaisance, se livra en divers lieux à plusieurs genres de divertissement, puis, au milieu du bois, parmi divers autels (de dieux), il s'assit sur un trône d'or orné de pierreries, et, en compagnie de ses pandits, se mit à étudier les Çâstras. Sur ces entrefaites, un pandit qui était juge, s'attachant à un point du Çâstra de la connaissance (Jnâ-

---

1. Voir récit cinquième (p. 58).

na-Çâstra), dit : Eh! grand roi, écoute : la félicité royale, en quelque temps, en quelque lieu que ce soit, n'est pas stable ; ce corps, composé de sang, de chair, d'ordures, d'urine, sujet à diverses infirmités, n'est pas stable ; de même les fils, les amis, les épouses, rien de tout cela n'est durable. Ainsi l'affection poussée à l'excès ne convient pas au sage : de même que l'affection procure une (grande) jouissance, quand vient la séparation, elle cause une douleur encore plus grande. Par conséquent, le sage doit appliquer son esprit à (la méditation de) l'existence éternelle. Or, il n'y a pas d'existence éternelle en dehors de l'homme suprême [1], qui est la forme de l'être par excellence [2]. Si l'esprit est ferme sur ce point, il sera affranchi de la geôle du Samsâra.

« Quand le juge eut fini de parler, le roi resta quelque temps pensif, puis il dit : Eh!

---

1. *Parama-purusha*. Peut-être faudrait-il traduire : « *purusha* suprême » et conserver le terme indien *purusha* qui signifie « homme », mais qui, ici, a une acception philosophique toute spéciale.

2. *Saccidânanda*, nom du principe de l'existence, de l'intelligence, de la félicité. On le retrouvera dans le dernier récit.

juge, tout ce que tu as exposé est fort juste. Tant que le souffle de la respiration persiste dans ce corps percé d'une multitude d'ouvertures, c'est la vie du vivant ; une fois que le souffle de la respiration s'échappe du corps, c'est la mort du vivant. Par conséquent, la vie est une grande merveille. Tout ce qui est du Samsâra est né mortel et dure autant que les éléments grossiers, autant que la vie. Après la mort, le lien (qui retenait le tout) n'existe absolument plus. Celui qui sait toutes ces choses comme s'il les avait devant les yeux et qui néanmoins est enivré par les objets sensibles, celui-là est dans la même situation que s'il était dans une complète ignorance ; car, bien que cette connaissance n'ait pas péri pour lui, il n'a pas l'attachement inébranlable pour l'homme suprême. Celui-là est bon au suprême degré qui s'applique constamment à détruire l'ignorance ; tu es donc bon au suprême degré, certes !

« Après avoir eu plusieurs conversations sur la connaissance, Vikramâditya, enchanté du juge, lui donna huit lacks d'or. »

Après avoir entendu ce discours de la bouche de la quinzième figure, l'auguste roi Bhoja se désista ce jour-là.

RÉCIT DE LA 16e FIGURE

Un autre jour encore, comme le roi Bhoja s'approchait du trône, la seizième figure lui dit : « Eh! roi Bhoja, je te ferai l'exposé des qualités qui rendaient Vikramâditya digne de s'asseoir sur ce trône; écoute :

« Il y avait un roi appelé Candraçekhara. Un jour, comme il siégeait dans son conseil, un étranger, un ménestrel, vint se présenter devant lui et célébra en plusieurs manières la gloire (de Vikramâditya) en disant : Il est doué de toutes les qualités, aussi tous se réfugient en lui; lui-même est l'asile de toutes les qualités; car c'est un homme qui a l'intelligence de toutes les qualités, un homme comme il n'y en a pas.

« Après avoir entendu le langage du ménestrel, le roi Candraçekhara lui dit : Eh! ménestrel, tu as parcouru différents pays; as-tu vu quelque part de pareilles gens, oui ou non? — Le ménestrel répondit : O grand roi, je n'ai vu que le roi Vikramâditya qui soit doué d'autant de qualités. — Le roi Candraçekhara, après avoir entendu de la bouche du savant l'exposé de la conduite de Vikramâditya, éprouva le désir de lui devenir semblable et invoqua la divinité. La divinité, satisfaite des invocations du roi Candraçekhara, lui accorda le don de l'immortalité et lui dit : Eh! roi, chaque jour tu livreras ton corps en sacrifice dans une source de feu, et ton corps brûlé redeviendra un corps d'une nature supérieure. — Après avoir prononcé ces paroles, la divinité devint invisible. Le roi fit donc de son corps un sacrifice quotidien, et son corps devint aussitôt divin. Ayant ainsi obtenu le privilège de l'immortalité, il accumula divers mérites.

« Le ménestrel raconta au roi Vikramâditya toute cette histoire du roi Candraçekhara. Le roi, après avoir entendu ce récit, fit dans son esprit cette série de réflexions : Celui-là seul est grand qui sait rendre semblables à lui les gens placés autour de lui. Pour moi, j'ai été grand, et (maintenant) je ne suis pas grand. C'est ainsi que le mont Malaya rend semblables à lui, en leur communiquant une agréable odeur, les arbres de son voisinage ; c'est là ce qui fait la supériorité du mont Malaya. (Au contraire) le mont Sumeru est fait lui-même de pierreries ; mais il ne communique pas aux montagnes qui l'entourent le privilège d'être faites en pierreries, de sorte que le privilège qu'il a d'être fait de pierreries se trouve inutile. Cet exemple prouve que le devoir de l'homme qui ne relève de personne est de travailler à ce que ceux qui vont en refuge près de lui soient dans le bien-être. Le roi Candraçekhara est heureux de tous points dans son existence ; mais il faut que, chaque jour, il entre dans l'huile bouillante [1]. C'est une grande douleur ; cette douleur, il faut absolument que je fasse ce qui est nécessaire pour la briser.

« Après avoir fait ces raisonnements dans son esprit, le roi Vikramâditya se rendit de

---

1. Ce qu'on appelle ici « huile bouillante » était appelé plus haut « source de feu ». — Pour l'huile bouillante, voir récit 14.

sa personne dans la capitale du roi Candraçekhara, et, au moment où il entrait dans la source de feu, la divinité apparut et lui dit : O joyau de vertu, quel besoin avais-tu d'entrer dans la source de feu? Le roi Candraçekhara, pour devenir semblable à toi, a accepté cette dure et pénible épreuve ; il s'assujettit à subir la douleur d'un corps constamment brûlé. Il m'a adressé bien des supplications et obtenu par là l'immortalité ; pourquoi as-tu rendu cet héroïsme inutile ? Maintenant, demande ce que tu désires.

« Vikramâditya répondit : Eh! déesse, si tu es propice envers moi, je demande que le roi Candraçekhara n'ait pas à subir la douleur de brûler son corps chaque jour en entrant dans la source de feu ; accorde-moi ce don ! — La déesse (Devî) reprit : Eh! roi, tu es un généreux donateur, compatissant, dévot : contente-toi de ce zèle, j'accorde au roi Candraçekhara le don que tu as choisi. — A ces mots, la déesse disparut. L'auguste Vikramâditya, après avoir délivré Candraçekhara de sa grande douleur, retourna dans sa demeure. »

La figure ajouta : « Eh! roi Bhoja, écoute : le roi Vikramâditya est entré dans le feu pour délivrer un autre de la douleur. Qui est capable d'en faire autant? S'il y a en toi une grandeur (d'âme) semblable à celle-là, alors tu peux t'asseoir sur ce trône. »

Après avoir entendu ces paroles de la figure, le roi Bhoja s'en alla la tête basse.

RÉCIT DE LA 17e FIGURE

UNE autre fois encore, comme le roi Bhoja se tenait près du trône afin de se faire sacrer, la dix-septième figure lui dit : « Eh! roi, écoute quelle était la munificence de l'auguste Vikramâditya :

« Dans le temps où l'auguste Vikramâditya exerçait la royauté complète de la ville d'Avantî, en ce temps-là, par la force de la justice du roi, tout le monde se plaisait communément dans la vertu. Les femmes ne connaissaient qu'un seul homme; tous grains poussaient en toutes terres; on se détachait du mal, on s'attachait à la loi, on persistait dans des résolutions conformes au sens des Çâstras, on respectait les hôtes, on se conformait au commandement de son père, de sa mère, du roi, etc., on suivait une morale conforme à la science de l'âme suprême ; en un mot, tout le pays brillait d'un éclat incomparable par son incomparable fidélité à la loi. Et l'auguste Vikramâditya, gardant les créatures, réprimant les méchants selon les prescriptions du Dandanîti[1] et du Râjanîti[2], jouissait de la royauté dans un bien-être parfait.

« Un jour, le gardien du parc vint trouver le roi et, après avoir fait l'anjali, lui donna cette nouvelle : Eh ! grand roi, un sanglier terrible, dont le corps est comme une montagne, semblable à Yama le messager de mort, est venu ; il a pénétré dans le bosquet des jeux. Il nous a tellement effrayés que nous avons déserté le jardin et nous sommes réfugiés jusqu'ici. Avise promptement aux moyens de repousser ce sanglier.

« Quand il eut entendu ce discours du gardien du parc, le roi, passionné pour la chasse, monta sur son éléphant et partit seul avec l'intention de repousser le sanglier. L'au-

1. Code pénal.
2. Code politique.

guste Vikramâditya ne fut pas plus tôt entré
dans le bois que le sanglier, en proie à une
épouvante extrême, prit la fuite. Le roi se
mit à sa poursuite. Après avoir ainsi franchi
plusieurs bois, l'animal pénétra dans une forêt impraticable. Le roi l'y suivit et était
près de l'atteindre quand le sanglier, ne
voyant pas le moyen de se sauver, arrêté par
la porte qui fermait la grotte d'une montagne élevée située dans la forêt, abattit cette
porte d'un coup de boutoir et se lança en
dedans. L'auguste roi Vikramâditya descendit de dessus son éléphant, s'arma de son
glaive et de sa cuirasse et, avec son héroïsme
sans égal, pénétra seul dans la grotte. Cette
grotte était fort vaste ; c'était, pour ainsi dire,
un pays (tout entier). Le roi fit toutes sortes
de recherches sans pouvoir découvrir le sanglier. Il errait donc dans cette grotte, lorsqu'une ville dont il n'avait jamais entendu
parler s'offrit à ses regards. Il y entra; quand
il fut dans cette ville, il aperçut une image
de Nârâyana qui se tenait dans l'attitude du
gardien de l'offrande. L'auguste Vikramâditya lui adressa divers éloges et révérences,
lui fit le pradaxina et resta debout faisant
l'anjali

« Nârâyana, content de la foi avec laquelle le roi lui rendait un culte, communiqua à l'auguste Vikramâditya deux choses divines appelées Rasa et Rasâyana dont il lui expliqua les vertus : Eh! grand roi, lui dit-il, pour ce qui est de cette chose appelée Rasa, toutes les choses auxquelles tu pourras penser et qui procurent les jouissances du Samsâra, tu les obtiendras par elle ; elles en sortiront. Quant à cette chose excellente dont le nom est Rasâyana, il en sortira tout ce que tu pourras penser qui soit d'une nature supérieure (aux choses du monde) ; tu l'obtiendras.

« L'auguste Vikramâditya, ayant ainsi obtenu ces deux choses dues à la gracieuseté de Nârâyana, sortit de la grotte. La porte de la grotte offrit la même résistance que précédemment ; il l'ouvrit d'un coup de poing et rentra dans sa capitale. Sur le chemin, il rencontra deux brahmanes, le père et le fils, savants dans tous les Çâstras, en proie à une extrême douleur. Après avoir entendu leur histoire, il souffrit excessivement de leur extrême douleur et donna à ces deux brahmanes, le père et le fils, les deux choses (qu'il avait reçues) Rasa et Rasâyana. »

La dix-septième figure ajouta : « Eh! roi Bhoja, voilà quels étaient l'héroïsme, la munificence de l'auguste Vikramâditya. Si tu es tel que lui, alors tu es capable de t'asseoir sur ce trône. »

A la suite de ce discours, l'auguste roi Bhoja se désista encore ce jour-là.

RÉCIT DE LA 18ᵉ FIGURE

Un autre jour encore, l'auguste roi Bhoja étant venu jusqu'auprès du trône pour se faire sacrer, la dix-huitième figure lui dit : « Pour être digne de siéger sur ce trône, un roi doit avoir des qualités royales telles que la force, la générosité, etc.; je vais te les dire. Ecoute :

« Un jour, comme le grand roi l'auguste Vikramâditya était assis sur son trône, son portier se présenta devant lui en faisant l'anjali et lui apporta cette nouvelle : Eh! grand roi, j'ai entendu aujourd'hui un récit merveilleux. Sur la cime du mont Udaya se trouve l'autel d'une divinité, devant lequel s'étend un lac qu'on n'a pas encore vu, et où l'on descend de quatre côtés par des escaliers en or et resplendissants, ornés de pierreries, de perles et de corail. Au milieu de ce lac est une colonne en or, et sur cette colonne un trône, également en or, enrichi de divers joyaux. Depuis le lever du soleil jusqu'à midi, la colonne s'élève par degrés, portant le trône, et finit par toucher le disque du soleil ; depuis midi jusqu'au coucher du soleil, elle s'abaisse par degrés jusqu'à se retrouver au milieu du lac comme elle y était d'abord. Il en est ainsi chaque jour.

« Après avoir entendu ce récit de la bouche du portier, le roi, dont la curiosité était éveillée au plus haut point, s'éleva à l'aide de ses chaussures magiques, vint près du lac et se tint sur le bord. Au lever du soleil, la colonne sortit de l'eau grandissant toujours. A ce moment, l'auguste Vikramâditya monta sur le trône que supportait la colonne et s'y installa. La colonne grandissait progressivement ; à midi, elle s'était élevée jusqu'au disque du soleil. Sur le trône que supportait la colonne, l'auguste Vikramâditya, grillé par la chaleur insupportable du soleil, perdit connaissance. Aussitôt l'auguste divinité du soleil, témoin de l'héroïsme de l'auguste Vikramâditya, fut extrêmement satisfaite; elle fit pleuvoir l'Amrita sur le corps de l'auguste Vikramâditya et lui fit reprendre ses sens. Dès qu'il eut repris connaissance, l'auguste Vikramâditya fit d'abord un acte d'adoration et de foi, puis adressa plusieurs hymnes à l'auguste divinité du soleil. L'auguste divinité du soleil, toute satisfaite des hymnes du roi, lui donna chaque jour une paire de boucles d'oreilles en or pesant un Bhâra. Nanti de la paire de boucles d'oreilles qu'il devait à la faveur de l'illustre soleil, le roi s'éleva à l'aide de ses chaussures magiques et retourna le soir dans sa capitale. Pendant le trajet, un homme extrêmement pauvre s'étant trouvé sur son chemin, il fut ému de compassion et donna à ce pauvre sa paire de boucles d'oreilles. »

Après avoir fait ce récit à l'auguste roi Bhoja, la dix-huitième figure ajouta : « Eh! roi Bhoja, si tu as une puissance semblable, tu parviendras à t'asseoir sur ce trône. »

Comprenant que sa puissance n'allait pas jusque-là, l'auguste roi Bhoja se désista encore ce jour-là.

RÉCIT DE LA 19ᵉ FIGURE

L'AUGUSTE roi Bhoja étant venu une fois encore pour se faire sacrer, la dix-neuvième figure lui dit : « Hé! roi Bhoja, tu n'es pas digne de t'asseoir sur ce trône. Le roi qui avait qualité pour y prendre place était Vikramâditya. Ecoute en quoi consistait sa grandeur :

« Un jour, l'auguste Vikramâditya voulut savoir à quelles occupations se livraient ses sujets. Sous une forme d'emprunt, seul, s'élevant à l'aide de ses chaussures magiques, il voyagea à travers le pays et arriva dans la ville appelée Padmâlaya. Là, il arriva près d'un autel comme il n'en avait jamais vu. Des Brahmacaris s'y faisaient mutuellement des récits. Un des Brahmacaris dit : En allant aux étangs, j'ai vu des fleuves et des montagnes où résident les divinités de plusieurs pays. Et il y a une montagne appelée Kanakakrita sur laquelle un Yogî, appelé Trilokanâtha, fait sa résidence ; je n'ai pas pu y arriver, mais j'ai appris de la bouche des gens qui habitent le voisinage que la montagne Kanakakrita est d'un accès extrêmement difficile et que, si on passe par là, il est difficile de conserver la vie. Aussi me suis-je détourné de cette région ; car, avec des efforts, les femmes, les enfants, les richesses et tous les autres biens peuvent se remplacer, si l'on vient à les perdre ; mais, que le corps périsse, mille efforts ne le rendront pas. C'est dans la conservation du corps que consiste la perfection, le succès. Aussi, d'après le Nîti-Çâstra, toutes les préoccupations, toutes les méditations doivent tendre exclusivement à la conservation du corps.

« Le roi, ayant saisi ces paroles d'un Yogî dans l'entretien et parmi les propos de ces Yogîs, se dit : Pour un homme qui a une énergie supérieure, il n'y a point d'actes trop difficiles à accomplir ; pour un homme qui, dans sa conduite, s'efforce de réaliser les prescriptions du Nîti-Çâstra, rien n'est difficile à obtenir; pour le pandit, il n'y a ni patrie, ni pays étranger; l'homme qui ne dit que de bonnes paroles et des choses affectueuses n'a pas d'ennemis. — Après avoir prononcé ces paroles, le roi s'éleva sur ses chaussures magiques, se rendit auprès du Yogî du mont Kanakakrita et s'y arrêta.

« En voyant le roi, le Yogî lui dit : Eh! grand roi Vikramâditya, pourquoi es-tu venu ici? — Uniquement pour te voir. — A l'instant même, le Yogî, reconnaissant que l'auguste roi Vikramâditya était pourvu des signes supérieurs d'un roi et avait une bonté suprême, lui communiqua trois objets divins appelés Kanthâ, Khandikâ, Danda, et lui dit les vertus de ces trois choses [1].

« Eh! grand roi, voici la vertu de l'objet Kanthâ : si tu penses dans ton esprit à des richesses, des ornements, des habits, etc., tu n'as qu'à toucher ce Kanthâ de la main gauche pour que, aussitôt, tous les objets pensés sortent de ce Kanthâ [2]. De ce Khandikâ,

---

1. Voir les troisième et dix-septième récits.
2. Comparer avec le deuxième et le quatrième joyau du troisième récit (p. 47).

il sortira le nombre d'éléphants, de chevaux, de chars, de fantassins, etc., que tu seras capable d'écrire. Quant au Danda, il suffit de le toucher avec la main droite pour que, si l'on touche en même temps un corps mort, ce corps reprenne vie. Ces trois objets, que j'ai acquis par la force de mon yoga, je te les donne, parce que je t'ai reconnu pour un vase digne.

« Incontinent, l'auguste Vikramâditya, muni des trois objets qu'il devait à la faveur du yogî, fit le salut du pradaxina, puis, s'élevant sur ses chaussures magiques, reprit le chemin de sa capitale.

« Dans le trajet, il aperçut un homme supérieur qui errait dans la forêt, en proie à d'excessives douleurs. Il lui fit cette question : Eh! homme, pourquoi erres-tu dans la forêt? — Je suis le roi d'un pays, répondit l'individu; les troupes de mon ennemi se sont trouvées de beaucoup les plus fortes, elles ont détruit les miennes dans le combat; puis elles sont venues et m'ont pris tout, mon royaume, mes épouses, etc. Telle est la cause de ma douleur; je souffre tant par crainte de l'ennemi; je n'ose résider dans aucune ville, j'erre seul dans la forêt. Mon affliction est profonde; quand on entend le récit de mes douleurs, c'est comme une pierre qui tombe (sur celui qui m'écoute). — Après avoir entendu ces paroles et d'autres propos inspirés à cet homme par la douleur, l'auguste Vikramâditya lui donna Kanthâ et les deux autres objets qu'il devait à la faveur du Yogî, puis rentra dans sa capitale et y demeura.

« Quant à l'homme, par la puissance des trois objets divins que l'auguste Vikramâditya lui avait communiqués, il recouvra son royaume, ses femmes et tout le reste de son entourage. »

La dix-neuvième figure ajouta : « Eh! roi Bhoja, je t'ai dit la munificence du roi qui a siégé sur ce trône. Si tu possèdes une telle majesté, tu es en droit de t'y asseoir à ton tour. »

L'auguste roi Vikramâditya, ayant entendu ces paroles, tourna le dos encore ce jour-là.

RÉCIT DE LA 20e FIGURE

Un jour, la vingtième figure, voyant l'auguste roi Bhoja s'approcher du trône, lui dit incontinent : « Si tu es semblable à l'auguste roi Vikramâditya, tu peux arriver à siéger sur ce trône et à être sacré. Apprends ce qu'était l'auguste Vikramâditya :

« Un jour, un conseiller de l'auguste Vikramâditya, appelé Buddhisâgara, voyant que son fils, nommé Buddhiçekhara, était d'une sottise achevée, que ses facultés mentales étaient affaiblies au plus haut degré, lui dit [1] : Eh! mon fils, tu es issu d'un conseiller royal et tu n'es qu'un sot! Tu vis avec

---

[1]. Comparer avec le récit huitième (p. 74).

des gens savants, et tu ne te conduis pas selon les préceptes des Çâstras ! L'homme dont l'intelligence n'est pas éclairée par la lecture des Çâstras, perfectionnée par tout ce qui peut la rendre parfaite, cet homme-là n'a que la figure humaine ; en réalité, il raisonne comme la brute, sache-le bien. Oui, l'homme qui s'attache à développer toujours plus en soi l'intelligence des Çâstras, se distingue de la brute par sa manière de vivre. Au contraire, l'homme dont l'intelligence n'a d'autre souci que la nourriture, le sommeil, la crainte, l'amour, etc., est identique à la bête, il n'y a entre lui et elle aucune différence. Or, cette intelligence des Çâstras, tu ne l'as pas ; en sorte que ta vie est inutile.

« Après avoir entendu les paroles de son père, paroles de blâme dites pour son instruction, Buddhiçekhara prit la résolution de lire les Çâstras, passa à l'étranger, s'attacha à la personne d'un bon guru, s'instruisit dans tous les Çâstras et retourna dans son pays.

« Pendant le trajet, il aperçut dans une ville l'autel d'une divinité, se rendit en ce lieu pour voir le dieu, et y passa la journée ; le soir, huit jeunes filles sortirent d'un lac tel qu'il n'en avait jamais vu et qui se trouvait près de l'autel de cette divinité; elles s'approchèrent de l'autel et passèrent toute la nuit à y faire des hommages, y dire des prières, y réciter des louanges. Au matin, ces jeunes filles rentrèrent dans le lac.

« De retour dans sa ville, après avoir vu cette grande merveille, Buddhiçekhara, le fils du conseiller, parla, au bout de quelques jours, à l'auguste roi Vikramâditya. A l'ouïe de ce récit, le roi, jugeant qu'il y avait quelque chose de tout à fait extraordinaire et merveilleux, se rendit auprès de cet autel de la divinité. A la nuit, il vit que tout se passait comme le fils du conseiller le lui avait rapporté. Au matin, les huit jeunes filles, sautant au milieu de l'étang, plongèrent dans l'eau; le roi, au même instant, sauta et plongea dans l'eau comme elles.

« En voyant l'action du roi, les jeunes filles lui dirent tout aussitôt : Eh! Vikramâditya, grand roi des rois, aujourd'hui, fasciné par la splendeur que tu as vue, tu t'es manifesté à nous, tu t'es affilié à nous. — Et, après lui avoir adressé ces paroles, elles le conduisirent dans leur ville faite de pierreries (située) dans le monde Pâtâla, et lui dirent : Eh! grand roi, prends possession de cette ville royale. — J'ai ma ville royale, répondit le roi, qu'ai-je besoin de celle-ci? Mais j'ai une question à vous faire : qu'est-ce que cette ville? — Les jeunes filles lui répondirent : Nous sommes huit jeunes filles, huit perfections; cette ville est notre maison de jeux. Nous sommes ravies de te voir, et, pour te témoigner notre satisfaction, nous t'offrons huit joyaux [1], prends! Voici les qualités de ces huit joyaux : Par l'un, on a la perfection de l'esprit; par le deuxième, on obtient tous les aliments qu'on a pu souhaiter [2]; par le troisième, une armée à quatre corps [3]; par le quatrième, la réalisation de la destinée divine [4]; par le cinquième, les chaussures magiques; par le sixième, la faculté de tout immobiliser; par le septième, l'omniscience; par le huitième, le contentement parfait. — Elles donnèrent les huit joyaux au roi après lui en avoir ré-

---

1. Comparer avec les troisième, dix-septième et dix-neuvième récits.
2. Premier joyau du troisième récit (p. 47).
3. Troisième joyau du quatrième récit (p. 47).
4. C'est-à-dire que l'on devient dieu (deva).

vélé les qualités. Le roi les reçut et reprit le chemin de sa capitale.

« Dans le trajet, un brahmane pauvre, reconnaissant le roi Vikramâditya, le salua et lui demanda l'aumône. — Eh! grand roi, je suis un Brahmane qui souffre extrêmement, tu es un excellent roi : donne-moi une aumône afin que je ne sois plus en détresse pour un besoin quelconque, mais que je sois toujours dans le bien-être. — En entendant ces paroles du Brahmane, le roi, sans délibérer, lui donna ces huit joyaux et retourna dans sa ville. »

La vingtième figure ajouta : « Eh! roi Bhoja, si tu as une telle munificence, alors avance pour siéger sur ce trône; sinon, pourquoi t'avancerais-tu en vain (ou) pour n'avoir que du chagrin? »

Là-dessus l'auguste roi Bhoja, tout honteux, se désista.

RÉCIT DE LA 21ᵉ FIGURE

Un jour la vingt et unième figure, voyant l'auguste roi Bhoja s'approcher du trône, lui dit incontinent : « Roi Bhoja, écoute la munificence du roi qui était digne de s'asseoir sur ce trône :

« Un jour, pour voir les choses merveilleuses qui se passaient dans un certain pays, l'auguste roi Vikramâditya, s'élevant à l'aide de ses chaussures magiques, parcourut ce pays. Dans une ville, il s'arrêta devant l'autel d'une divinité. Il était installé là, s'inclinant, lui faisant le pradaxina, lui adressant des louanges, quand un étranger arriva à l'autel de cette divinité, et, voyant l'auguste Vikramâditya, lui dit :

Eh! homme de bien, je te vois pourvu des signes du roi parfait [1]; aussi je m'imagine que tu es un roi. Or, si un roi cesse de penser à son royaume et se promène en pays étranger, le royaume ne subsistera pas. Le devoir d'un roi est donc de renoncer à toute autre affaire pour songer à (ce qui peut faire) la prospérité ou la calamité du royaume. — A l'ouïe de ces paroles, le roi répondit : O homme, sans la loi, un roi a beau penser à (ce qui peut faire) la prospérité ou la calamité des provinces de son royaume, le royaume ne subsistera pas davantage. Si un roi est étranger à la loi, ni sa puissance, ni son royaume ne subsisteront, quand bien même il songerait à (ce qui peut faire) la prospérité ou le malheur de ses Etats. Par contre, si un roi est attaché à la loi au plus haut degré, il peut bien ne pas se préoccuper de (ce qui serait de nature à amener) la prospérité ou le malheur des provinces du royaume, le royaume subsistera par la force de la loi. Aussi, pour assurer les fondements et la solidité du royaume, c'est à la loi qu'un roi doit s'appliquer, c'est la

---

1. Voir récit dix-neuvième, p. 133.

loi qu'il doit mettre en pratique. Quant à moi, si je voyage, c'est seulement à cause de la loi, et je conjecture que tu es venu ici pour quelque acte que tu dois accomplir.

« En entendant ces paroles du roi, l'étranger dit : Eh! grand roi, tu es attaché à la loi au plus haut degré; c'est bien! Tu as conjecturé que je suis venu ici pour un acte à accomplir, tu as parfaitement rencontré ; c'est bien! — Le roi reprit : Parle! que faut-il faire? — O roi, répondit l'homme, écoute : Sur le mont Nîla réside une divinité appelée Kâmâkhyâ : voilà douze ans que, pour obtenir la réalisation de l'amour et des autres sentiments, je murmure des mantras à la déesse Kâmâkhyâ : mais je n'ai encore vu aucun fruit (de mes efforts) : aussi je suis complètement troublé.

« A l'ouïe de ces paroles, le roi se mit à réfléchir en lui-même : il a murmuré beaucoup de mantras (se dit-il) et n'a rien obtenu; il faut qu'il y ait à cela quelque cause. — Après avoir fait ces réflexions, l'auguste Vikramâditya prit cet homme avec lui, se rendit sur le mont Nîla près de l'autel de la déesse Kâmâkhyâ et s'y arrêta. A la nuit, à l'heure du sommeil, la déesse Kâmâkhyâ dit

au roi en songe : Eh! grand roi Vikramâditya, pourquoi es-tu venu ici? Si c'est à
cause des sentiments dont cet homme
souhaite d'acquérir la réalisation que tu es
venu, que tu te trouves ici, alors offre-moi
en sacrifice un homme pourvu de l'étendard, du diamant, de l'aiguillon, etc., en
un mot des vingt signes expliqués dans le
Sâmudraka-Çâstra ; et la réalisation des sentiments se manifestera pour lui.

« Après avoir eu ce songe, l'auguste Vikramâditya s'éveilla, se leva, s'habilla, puis
fit en lui-même ces réflexions : Excepté moi,
on n'a pas vu d'homme pourvu des vingt
signes qui caractérisent le chef suprême;
c'est donc à moi de m'offrir moi-même en
sacrifice pour rendre service à cet homme.
— Ces réflexions faites, le matin étant arrivé, il se baigna, accomplit tous les autres
actes prescrits, et, le glaive en main, il se
préparait à s'offrir en victime à la déesse,
quand celle-ci, se manifestant à l'instant
même, lui prit les deux mains et lui dit :
Eh! grand roi des rois, tu es un homme
exceptionnel, ton attachement à la loi est
sans égal : c'est pour savoir jusqu'où irait
ton dévouement que je t'ai suggéré en songe

l'idée de te donner en offrande ; j'ai vu de mes yeux (ce qui en est). Qu'as-tu besoin de t'immoler? Je suis bien disposée pour toi; demande ce que tu désires. — Eh! déesse, répondit le roi, si tu as été contente de moi, accorde à cet homme la réalisation des sentiments à laquelle il aspire. — A la demande du roi, la déesse accorda à l'homme la réalisation des sentiments, puis disparut. — Par la faveur de la déesse, ces neuf sentiments : l'amour, l'héroïsme, la pitié, l'étonnement, la joie, l'épouvante, l'aversion, la colère, le calme, se montrèrent pour exister désormais corporellement auprès de cet homme et ne plus le quitter. — Quant au roi, il retourna dans sa capitale. »

La vingt-et-unième figure ajouta : « Eh! roi Bhoja, si tu es aussi enclin à rendre service aux autres, alors tu arriveras à siéger sur ce trône. »

A ces mots, l'auguste roi Bhoja se désista encore ce jour-là.

RÉCIT DE LA 22ᵉ FIGURE

La vingt-deuxième figure dit : « Eh ! roi Bhoja, renonce à l'espoir vain que tu nourris de monter sur ce trône pour y être sacré. Tu ne seras jamais un bienfaiteur semblable à Vikramâditya, et capable de siéger sur ce trône. Ecoute (pour apprendre) quel bienfaiteur c'était que l'auguste Vikramâditya :

« A l'âge de seize ans, ayant vaincu par la force de son bras tout autant de rois qu'il y en avait dans les régions principales et intermédiaires, soleil de tous les rois, coiffé du diadème orné de pierreries, ayant sur (la plante des) pieds l'empreinte du lotus, il exerçait la royauté universelle.

« A l'heure de Brahmâ [1], c'est au son de la vînâ douce et mélodieuse et des autres instruments, à la voix des ménestrels, des complimenteurs, en un mot de la foule de ceux qui chantaient ses louanges, qu'il sortait du sommeil. Après avoir invoqué le bienheureux Nàràyana en se remémorant la méditation appelée Caranâravinda, avoir rempli tous ses devoirs, et fait aux dieux toutes les salutations matinales, il se munissait de diverses armes pour les manier et s'exerçait dans la salle des combattants. Ensuite, paré de tous les insignes royaux, il faisait des dons de mille et mille suvarnas, puis entrait dans le cercle des ministres conseillers, des ministres d'exécution et autres savants. Là, conformément aux prescriptions du code pénal et du code politique [2], il expédiait les affaires du royaume. A midi, après avoir accompli tous les actes prescrits par le Veda pour l'heure du milieu du jour, il donnait aux malades, aux pauvres, etc., toutes sortes de dons, offrait à la multitude de ses parents, alliés et amis un repas composé de quatre

---

1. C'est-à-dire, sans doute, à la première heure.
2. Danda-niti et Râja-niti.

espèces de mets, ceux qu'on mâche, qu'on suce, qu'on lèche, qu'on boit, pourvus des six saveurs, l'astringente, la douce, la salée, la forte, la piquante, l'acide. Ensuite, après avoir mâché son bétel mêlé à des substances odorantes préparées de diverses manières, muscade, girofle, etc., il se frottait les membres de substances odorantes telles que le sandal, se chargeait de guirlandes de fleurs de diverses espèces, donnait congé à ses parents et amis, et se couchait pendant quelque temps sur un lit comme on n'en avait pas encore vu. Puis, après avoir entendu les sons agréables de la troupe des oiseaux parleurs, le perroquet, la çârikâ, avoir ri sur les quatre tons avec la troupe de ses jeunes femmes, les plus belles qu'on eût encore vues, et passé le reste de l'après-midi à entendre les histoires, les purânas, etc., il examinait ses troupes, ses richesses, son mobilier, avec les inspecteurs préposés à ces divers objets. Le soir venu, il accomplissait les cérémonies prescrites par les Vedas; après avoir, avec les Pandits, accompli tout ce qui est conforme aux Çâstras, il se réunissait à des gens de plaisir et s'amusait à voir danser, à entendre chanter et à faire de la musique, jouissait du plaisir des unions permises, puis goûtait jusqu'à l'aurore un sommeil paisible. C'est ainsi qu'il passa son temps tous les jours de sa vie.

« Or il arriva un jour que, à la tombée de la nuit, à l'heure du sommeil, il eut un cauchemar, indice de quelque malheur. Le matin, il en informa les Pandits qui lui dirent : Grand roi, ce cauchemar n'annonce rien de bon ; nous conjecturons qu'il surviendra quelque malheur. Ces paroles lui firent faire les réflexions suivantes : la mort est inévitable ; les femmes, les enfants, les richesses et tous les autres objets du samsâra sont passagers comme des bulles d'eau ; à la mort, il ne reste plus rien à personne : la loi est la seule chose qui puisse servir dans l'autre monde. Donc, après avoir reconnu le peu de valeur du samsâra, un homme de bien doit amasser des mérites, et faire en sorte que les misérables amassent des richesses.

« Ce raisonnement fait, l'auguste Vikramâditya, ouvrant les portes des pièces qui renfermaient tout ce qu'il avait de richesses et de biens meubles, fit publier partout (cet ordre) : que quiconque le désire vienne puiser au mobilier du roi. A la suite de cette proclamation, beaucoup de gens pauvres du pays arrivèrent, et chacun s'en retourna après avoir pris ce qui lui agréait. »

La vingt-deuxième figure ajouta : « Eh ! roi Bhoja, telle était la munificence de l'auguste Vikramâditya : c'est pour cela qu'il siégeait sur ce trône. Aujourd'hui, il n'y a pas de roi semblable à lui : toi-même, tu ne l'es pas. »

C'est de cette manière que, ce jour-là encore, l'auguste roi Bhoja se désista.

DISCOURS DE LA 23ᵉ FIGURE

Un autre jour encore, l'auguste roi Bhoja s'approcha du trône pour se faire sacrer. En le voyant, la vingt-troisième figure dit : « Eh! roi Bhoja, celui dont la vaillance, la fermeté, la munificence égalent celles de l'auguste Vikramâditya est le seul qui puisse siéger sur ce trône. » Le roi répondit : « En quoi consistaient la vaillance et les autres qualités de Vikramâditya ? » L'image répondit : « Eh ! roi Bhoja, écoute.

« L'auguste Vikramâditya exerçait la royauté suprême dans la ville d'Avantî. Il y avait dans cette ville un marchand appelé Dhanapati, qui possédait trente kotis [1]. Il avait

---

[1]. Le koti vaut 10 millions.

quatre fils. Au moment de sa mort, ce marchand dit à ses quatre fils : Eh! mes fils, après ma mort, restez unis, ne vous séparez pas. Les avantages de l'habitation en commun sont considérables : en s'aidant les uns les autres, des gens même peu nombreux peuvent mener à bien des entreprises irréalisables, de même que les herbes réunies et arrangées ensemble peuvent arrêter la pluie du ciel, tandis que ces mêmes herbes dispersées sont incapables d'arrêter la pluie ; au contraire, l'eau de cette pluie les détruit elles-mêmes. Restez donc en bon accord. Si le destin s'oppose à ce que vous demeuriez ensemble, j'ai enterré dans ma chambre à coucher quatre vases portant l'étiquette de vos noms ; vous les y trouverez et vous prendrez chacun celui qui est à son nom. — Après avoir donné ces instructions à ses fils, Dhanapati abandonna son corps.

« Au bout de quelque temps, les fils du marchand eurent entre eux une querelle ; ils se séparèrent et tirèrent du sol chacun le vase qui portait son nom. Ils regardèrent : le vase de l'aîné renfermait de la terre ; dans la cruche du second, il y avait du charbon ; dans le vaisseau du troisième, des os ; dans le vase du quatrième, de la paille. — Ne comprenant pas l'intention, ils s'adressèrent à plusieurs savants : aucun ne réussit à la leur expliquer. Pendant plusieurs jours, les quatre frères restèrent ainsi divisés et passèrent le temps à s'affliger.

« Un jour, les quatre fils du marchand se rendirent au conseil de l'auguste Vikramâditya et questionnèrent les gens du conseil ; mais, même ainsi, ils n'obtinrent pas l'explication de ce que signifiaient les vases. Or, dans la ville de Pratisthâna, il y avait deux brahmanes, dont la sœur était une veuve d'une beauté supérieure avec laquelle un fils de Nâga, sorti du Pâtâla, avait eu commerce ; en suite de quoi elle était devenue enceinte. Les deux frères, voyant la grossesse de la veuve leur sœur, eurent des soupçons et se retirèrent au fond du pays. Quelques jours après, cette veuve Brahmanî mit au monde un fils appelé Çâlavâhana. Ce Çâlavâhana demeurait avec sa mère chez un potier. Il entendit parler de l'histoire des quatre vases, se rendit au conseil du roi qui résidait dans la ville de Pratisthâna : Eh ! Messieurs du conseil, je donnerai l'explication du sens des quatre vases. — A ces mots, tous les membres du conseil fixèrent leurs regards sur les traits de ce fils de Nâga. L'enfant dit : Celui au nom de qui est la cruche pleine de terre a en partage tous les biens-fonds. Celui au nom de qui est la corbeille pleine de charbon a les huit espèces de métaux, l'or, l'argent, le laiton, le bronze, le cuivre, l'étain, le fer. Celui dont le nom est sur l'étiquette du vase rempli d'os a les éléphants, les chevaux, les vaches, les buffles, les boucs, les béliers, les esclaves mâles et femelles ; en un mot, toutes les richesses en bipèdes et quadrupèdes sont à lui. Celui au nom duquel est la cruche pleine de paille a toutes les richesses en grains, telles que le riz, l'orge, le froment, la vesce, les haricots, les pois chiches, le sésame, la moutarde. — En apprenant cette solution du fils de Nâga, les quatre frères furent bien satisfaits; ils prirent chacun sa portion conformément au partage fait par leur père et passèrent leur temps dans un bonheur parfait.

« L'auguste Vikramâditya, informé par la rumeur publique de la solution trouvée par le fils du Nâga, le manda par des messagers qu'il envoya dans la ville de Pratisthâna. Mais Çâlavâhana n'y alla pas ; il dit : Qu'est-il besoin d'aller trouver l'auguste Vikramâditya ? S'il a besoin de moi, pourquoi ne viendrait-il pas lui-même me trouver ? Les envoyés, revenus en présence de l'auguste Vikramâditya, lui rapportèrent ces paroles. Le roi, étonné de ce langage d'un enfant et même quelque peu piqué, s'approcha en personne, lui, l'auguste Vikramâditya, entouré d'une armée à quatre corps, de la ville de Pratisthâna. Même alors, Çâlavâhana ne se rendit pas auprès de l'auguste Vikramâditya pour s'aboucher avec le roi. L'auguste Vikramâditya, en colère, dépêcha ses gens pour intercepter la ville et la maison de Çâlavâhana. En voyant sa maison bloquée, Çâlavâhana communiqua, par la puissance de son père, la vie à des éléphants, des chevaux, des fantassins faits en argile, puis leur donna le signal du combat. Pendant plusieurs jours, les forces de Çâlavâhana et celles de l'auguste Virkamâditya combatirent de diverses manières; malgré cela, la puissance de l'auguste Vikramâditya ne put briser l'adversaire.

Un jour, le père de Çâlavâhana, le fils de Nâga qui résidait dans la ville de Pâtâla, vint à la tombée de la nuit, mordit toute l'armée de l'auguste Vikramâditya, la rendit stupide par un poison ardent, puis s'en alla. L'auguste Vikramâditya, voyant toute son armée hébétée, murmura les mantras du roi des Nâgas Vasukî, afin de ranimer les gens de son armée par l'aspersion de l'amrita. Vasukî, satisfait, donna l'amrita au roi et se retira. Le roi, muni de cet amrita, allait pour sauver son armée, lorsque, sur le chemin, il rencontra deux hommes envoyés par Çâlavâhana, qui lui demandèrent cet amrita. L'auguste Vikramâdtya avait pris l'engagement de donner à qui que ce fût ce qu'on lui demanderait. En conséquence, pour ne pas violer l'engagement pris, il donna l'amrita à ces deux hommes. — La véritable grandeur consiste à ne jamais agir contrairement à la parole donnée. Ainsi pensait l'auguste Vikramâditya, quand il était seul, sur le chemin. — C'est quand l'homme traverse l'océan du malheur difficile à traverser et le franchit par la force de la vertu déployée pour l'accomplissement des œuvres vertueuses, qu'éclate l'autorité du Çâstra. — Telles étaient les méditations du roi.

« Sur ces entrefaites, Vasûkî, venant lui-même de la ville de Pâtâla, fit pleuvoir l'amrita, rendit le sentiment à toute l'armée de l'auguste Vikramâditya, puis s'en alla. Les gens de cette armée, semblables à des gens réveillés de leur sommeil, commencèrent à faire entendre leur murmure habituel. Le roi Vikramâditya, extrêmement satisfait de ce que les gens de son armée avaient recouvré le sentiment, s'en retourna dans sa ville avec ses troupes.

« Dis maintenant, eh! roi Bhoja! Si tu as une munificence semblable à celle de l'auguste Vikramâditya, alors tu peux t'asseoir sur ce trône. »

Après avoir entendu ce récit de la vingt-troisième figure, l'auguste roi Bhoja, ce jour-là encore, préféra s'abstenir.

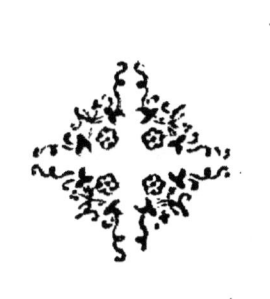

RÉCIT DE LA 24e FIGURE

Un autre jour encore, la vingt-quatrième figure dit à l'auguste roi Bhoja pour l'empêcher de monter sur le trône : « Eh ! roi Bhoja, le roi qui protège les créatures comme savait le faire l'auguste Vikramâditya est le seul qui puisse siéger sur ce trône. — Et comment Vikramâditya protégeait-il les créatures ? » répondit le roi. — La figure reprit : « Ecoute.

« Un jour l'auguste Vikramâditya était en séance dans la salle du conseil, entouré de la troupe de ses ministres. Un pandit du pays de Kerala, qui savait parler sur le Jyoti-çâstra, étant survenu, adressa au roi ses bons souhaits dans une suite de discours variés en prose et en vers, puis s'assit sur le siège que le roi lui offrit.

« Le roi adressa au pandit cette question : O pandit, dans quel Çâstra es-tu particulièrement versé? — Dans le Jyoti-çâstra, répondit le pandit. — Parle, reprit le roi, qu'arrivera-t-il cette année dans mon royaume ? — Cette année, grand roi, répondit le pandit, il y aura une grande famine. — Dans mes états, reprit le roi, il n'y aucune transgression du Nîti-çâstra, il n'y a pas même l'apparence de l'injustice : les créatures ne sont pas opprimées, même en songe; il n'y a aucune espèce d'opposition à l'accomplissement des actions vertueuses; il n'y a ni injures aux brahmanes, ni violences contre les créatures, ni châtiments injustes, ni recherche de ce qui n'est pas bien, ni conduite mauvaise, ni brisement des images des divinités, ni cause d'inquiétude pour les gens de bien, ni transgression des lois établies par les Çâstras ; rien de tout cela n'existe dans mes états : pourquoi donc y aurait-il une famine? — Le pandit répondit : Celui qui donne tous les ordres est la suprême autorité. Or, voici ce que déclare le Jyoti-çâstra : si la planète Saturne, ayant brisé le char de Rohinî, vient dans le champ de Vénus ou dans celui de Mars, alors il y aura nécessairement famine. Je le dis conformément à l'autorité de ce Çâstra.

« A l'ouïe du discours de ce pandit, le roi, pour protéger ses sujets et conjurer la famine, s'appliqua à faire toutes sortes d'actes de prospérité, des sacrifices, des prières, des offrandes, des dons, etc., en recourant au ministère des brahmanes. Malgré cela, la pluie ne tomba pas, aucun grain ne germa dans le pays ; les créatures, la population entière furent dans un trouble extrême, et le roi fut préoccupé au plus haut degré.

« A ce moment, une voix céleste se fit entendre : Eh ! Vikramâditya, si tu es de force à donner en offrande un homme doué de tous les signes de la royauté, alors il y aura de la pluie. En entendant cette divine voix céleste, le roi tira son glaive et se disposait à se livrer lui-même en offrande pour sauver les créatures, quand, à l'instant même, la divinité qui se tenait dans les nuages, se montrant favorable, retint les deux mains du roi et lui dit : Grand roi des rois, tu es un grand protecteur des créatures, en vérité ! je te suis favorable ; fais une demande à ton choix. Le roi répondit : ce que je choisis, c'est qu'il n'y ait pas de famine dans ce pays; accorde-le-moi! — La déesse répondit : Qu'ainsi soit! et disparut. »

Depuis lors jusques aujourd'hui, il n'y pas eu de famine dans le pays des brahmanes.

Après avoir entendu ce récit de la vingt-quatrième figure, l'auguste roi Bhoja fut découragé.

RÉCIT DE LA 25ᵉ FIGURE

Un autre jour encore le roi Bhoja s'efforçait de monter sur le trône, quand la vingt-cinquième figure, pour l'en détourner, lui dit : « Eh ! roi Bhoja, nul n'est capable de monter sur ce trône, s'il ne ressemble à l'auguste Vikramâditya. — Comment donc était l'auguste Vikramâditya ? » répondit le roi. — La figure reprit : « Ecoute.

« Le bruit de l'héroïsme, de la fermeté, de la profondeur (d'esprit), de la magnificence, de la vigueur de l'auguste Vikramâditya et de la prospérité dont tous ces avantages étaient accompagnés, était allé jusqu'au monde des dieux ; et les divinités du Svarga, dans leurs entretiens et leurs récits, célébraient ordinairement la gloire de Vikramâditya. Un jour, le roi suprême de tous les dieux, le dieu Indra, entouré de félicité, assis, au milieu du cercle des dieux, sur son trône fait de diverses pierres précieuses, réclama l'attention des divinités, et dit : Aujourd'hui, sur la surface de la terre, nul n'est comparable à Vikramâditya pour l'aspiration au bien de toutes les créatures, pour le zèle à pratiquer constamment la vertu, pour le mépris de sa propre vie, pour le soin de protéger les autres êtres, pour la fidélité à une bonne conduite, pour les dispositions d'un esprit tout imprégné de pitié. — A l'ouïe de ce discours d'Indra, parmi toutes les divinités présentes dans l'assemblée, il y en eut deux dont l'esprit ne put s'en rendre bien compte. Afin de déterminer ce qu'il y avait d'exact et d'inexact dans l'éloge de l'auguste Vikramâditya, ces deux divinités se rendirent dans la ville d'Avantî.

« L'auguste Vikramâditya, monté sur le meilleur des chevaux habile dans les cinq manières d'aller, la marche, le trot, l'amble, le galop, le saut, se promenait solitairement dans le jardin de plaisance qui était à l'extrémité de la ville. Sur ces entrefaites, l'une des deux divinités prit la forme d'une vieille vache, l'autre celle d'un tigre puissant et terrible. En voyant le tigre, la vieille vache eut peur de la mort et prit la fuite ; le tigre courut après elle. La vache, arrivée au bord d'un étang, y sauta et resta empêtrée dans la vase.

« A cet instant, l'auguste Vikramâditya, faisant sa promenade, arriva en ce lieu. La vache tombée dans la vase, voyant le tigre non loin d'elle, fut excessivement troublée et se mit à pousser des cris de détresse ; elle attira l'attention de l'auguste Vikramâditya par ses hauts cris et ses mugissements redoublés. Le roi, voyant la position et l'embarras de cette vache, sauta promptement en bas de son cheval, saisit son glaive de la main droite, tandis que de la gauche il saisissait la vache, puis resta là debout dans le lac. Il se mit alors à examiner en lui-même cette alternative : si je tire cette vache de la vase et que je m'en aille, se disait-il, cette vieille vache ne sera pas en état de s'échapper ; le tigre la saisira sans peine et la mangera : si j'abandonne la vache et que je m'en aille après avoir tué le tigre, cette vache, par suite de sa chute dans la vase, n'aura plus la force de marcher ; et, si quelque être nuisible survient, il la fera périr. — Dans cette perplexité, le roi tenant toujours la vache, le glaive en main, passa toute la nuit exposé au froid, au vent, à l'humidité, seul et plongé dans l'eau.

« Quand le matin fut venu, les deux divinités abandonnant les formes magiques qu'elles avaient prises, (l'une) la forme de vache, (l'autre) la forme de tigre, reprirent leur forme propre et dirent à l'auguste Vikramâditya : Eh ! Vikramâditya, grand rois des rois, nous sommes des divinités qui, pour savoir jusqu'où va ta fidélité à la loi, doublée de pitié, avons pris ces formes au moyen de la magie ; nous sommes éclairées. De même que les dieux, barattant la mer de lait, ont créé le disque de la lune avec une portion du suc de (ce lait), ainsi le créateur, en barattant la mer qui a la forme de la pitié, a créé ton cœur avec une portion du suc de cette (pitié) [1]. Quel éloge ferons-nous de toi ? Notre roi, le dieu Indra, fait habituellement ton éloge

---

[1] Le barattement de la mer de lait avec les nombreux incidents auxquels il a donné naissance est un des plus célèbres épisodes de la mythologie hindoue.

dans l'assemblée des dieux ; mais, en ce jour, nous avons constaté l'exactitude de ses dires. Fais une demande à ton choix. — Le roi répondit : Je n'ai rien à demander à votre faveur ; j'ai obtenu toutes les félicités ; pourquoi les altérer par une demande faite à la légère? — Les divinités reprirent : Ce n'est pas en vain que nous nous montrons. Aussi, nous te donnons cette kâmadhenu (vache du désir), sans que tu l'aies demandée. Chaque fois qu'il te viendra envie de quelque chose, tu n'auras qu'à en faire la demande à cette kâmadhenu.

« Après avoir ainsi donné kâmadhenu au roi, les divinités disparurent.

« Le roi, ayant reçu kâmadhenu, s'en retournait, quand, sur le chemin, un pauvre s'approcha de lui et demanda l'aumône. Le roi lui donna cette kâmadhenu et s'en retourna dans sa capitale. »

L'auguste roi Bhoja, après avoir entendu le récit de la vingt-cinquième figure, s'en alla tout bouleversé.

RÉCIT DE LA 26ᵉ FIGURE

A un autre moment, comme l'auguste roi Bhoja se tenait près du trône, la vingt-sixième figure dit : « O roi Bhoja! c'est le roi Vikramâditya qui siégeait sur ce trône. Ecoute un récit de ses qualités.

« Un jour, l'auguste Vikramâditya, se promenant çà et là pour voir le monde, arriva à un autel de divinité tel qu'il n'en avait pas encore vu d'aussi agréable, et s'y arrêta. Sur ces entrefaites, un homme vint à son tour, s'installa près du roi, et se mit à répandre un grand flux de paroles. Le roi, en l'entendant, fit un raisonnement dans son for intérieur : Cet homme, se dit-il, doit être bien méchant; autrement, pourquoi un tel flux de paroles? Il n'est pas dans la nature d'un homme de bien de répandre sans raison un tel flux de paroles. Cet homme répand un flux de paroles inutiles ; il faut donc de toute nécessité que ce soit un homme excessivement méchant. Jamais un homme de bonne caste ne ferait un bruit tel que celui d'une cloche où il n'y a pas plus de sens que dans le bavardage de cet homme : d'où je conclus que celui qui dit beaucoup de paroles est sans valeur. — Le roi, ayant fait ce raisonnement, en lui-même, n'adressa pas même un mot à cet homme qui, après être resté là quelque temps, s'en retourna chez lui.

« Le lendemain, ce même homme à peine vêtu, le visage contracté, vint se présenter à l'auguste Vikramâditya. Le roi, en le voyant, lui dit : Parle, qu'est-ce que cela ? Hier, tu étais venu ici revêtu d'habits magnifiques ; aujourd'hui, tu viens à peine vêtu, ne portant que de sales haillons. — Eh! grand roi, répondit l'homme, je suis un joueur : aujourd'hui, j'ai perdu au jeu tout mon bien, et il ne m'est resté que de quoi couvrir ma nudité. — A ces mots, le roi sourit doucement et dit : C'est bon ! telle est la voie des joueurs! L'individu qui désire acquérir des richesses par le jeu, celui qui cherche à obtenir la considération en se mettant au service d'autrui, celui qui poursuit les jouissances au moyen de la mendicité, tous ces gens sont des têtes dépourvues d'intelligence ; ils sont voués à une destinée misérable. — En entendant ces paroles du roi, le joueur ne put supporter le blâme du jeu et répondit : C'est fort bien fait à toi de critiquer! Tu n'as donc jamais éprouvé le bonheur qu'on ressent à jouer aux dés? Tu es comme un eunuque qui blâmerait le plaisir qu'on goûte avec une femme jeune et belle. — Aux paroles du joueur le roi répondit : Eh! joueur, tu as été extrêmement affligé par le seigneur (Içvara); aussi t'avons-nous adressé une bonne parole, uniquement pour te venir en aide, comme eût fait un ami. Tu es dans l'erreur la plus complète. Or, c'est une forte douleur, quand on est revêtu d'un corps d'homme, de n'avoir point de bonnes pensées, de ne point faire de bons raisonnements, de ne point songer à de bons procédés, de ne faire ni de bons efforts, ni de bonnes actions, et de se livrer, pour un bonheur vain, au jeu de dés qui est une source de maux. L'homme dissipe ainsi sa vie en pure perte. — A ces paroles du roi, le joueur reprit : Eh! grand roi, si tu ne t'es proposé que de me venir en aide, si tel est ton dessein, fais pour moi une chose que je dois accomplir; promets-le-moi! — Si, à partir d'aujourd'hui, répondit le roi, tu renonces au jeu, j'accomplirai pour toi ce que tu as à faire; je l'accomplirai, j'en donne ma parole.

« Quand le roi eut fait cette déclaration, le joueur dit : Eh! Vikramâditya, homme parfait, écoute : Sur le sommet du mont Suméru est l'autel d'une divinité appelée Manassiddhi. A la partie supérieure de cet autel est un vase d'or rempli avec de l'eau du Gange céleste. Celui qui prendra de l'eau de ce vase d'or, qui rendra hommage à la divinité et lui fera le sacrifice de sa tête, celui-là obtiendra la faveur de la divinité; elle réalisera ses vœux et lui accordera sa demande. Mais c'est un acte fort difficile à accomplir. Si tu réussis à le parfaire et que tu demandes pour moi le don que tu obtiendras de la divinité en raison de ce succès, je renoncerai au jeu.

« Quand le joueur eut prononcé ces paroles, le roi s'éleva à l'aide de ses chaussures magiques, atteignit le sommet du mont Meru, rendit son hommage à la divinité Manassiddhi, et, le glaive en main, se prépara à lui faire le don et l'offrande de sa tête. A l'instant même, la divinité, se montrant favorable, accorda en don au roi la réalisation de son désir. Le roi accepta ce don pour le joueur, auprès duquel il retourna ; il le fit renoncer au jeu, lui remit ce qu'il avait reçu de la faveur de la divinité, et puis rentra dans sa capitale. »

La vingt-sixième figure ajouta : « Eh! roi Bhoja, si tu te juges tel, assieds-toi sur ce trône; sinon, il ne sera pas bon pour toi de t'y asseoir. »

A ces mots, l'auguste roi Bhoja hésita, et, ce jour-là encore, il s'en alla tout triste.

RÉCIT DE LA 27ᵉ FIGURE

La vingt-septième figure empêcha l'auguste roi Bhoja de monter sur le trône en lui disant : « Eh ! roi Bhoja, ce trône était à Vikramâditya ; écoute les qualités de ce roi :

« Un jour, l'auguste Vikramâditya se promenait dans le pays. Sur le chemin, un voyageur l'apercevant lui dit : Eh ! grand roi, il y a à l'Orient une ville appelée Vetâlapura, dans laquelle se trouve une divinité qui a nom Çonitapriyâ : chaque jour, sur l'autel de cette divinité, se fait l'offrande d'un homme. En suivant toujours ce chemin, nous atteignîmes cette localité. Les gens du roi de ce pays s'emparèrent de nous et nous mirent en prison dans l'intention de nous sacrifier : mais nous sommes dans la force de l'âge ; nous trouvâmes le moyen de nous échapper et de sauver notre vie.

« A l'ouïe de ce discours, la curiosité du roi fut éveillée ; il se rendit à Vetâlapura, se proposant de voir cette divinité. Quand il fut en présence des gens du roi de ce pays, il leur fit une instruction sur la loi : — Messieurs, leur dit-il, j'ignore en vertu de quelle loi vous offrez pour votre bien-être à la divinité le sacrifice d'une grande créature, d'un homme. Pendant combien de jours le bien-être résultant de cette fête et de cette offrande vous procurera-t-il des jouissances dans le Samsâra ? Vous ne savez pas quelles souffrances vous attendent pour longtemps dans le Naraka à cause du péché de cette fête où l'on fait du mal à une grande créature. Quant à cette déité, quelque don qu'elle vous fasse pour vous témoigner son contentement du mal que vous avez fait à un homme, malheur à la divinité de cette déité qui accepte un sacrifice humain !

« Après avoir ainsi blâmé les gens du pays pour les corriger, il s'avança vers l'autel de cette divinité, et il vit qu'un prédicateur, après avoir baigné un homme, l'avoir orné d'habits rouges, de sandales rouges, de guirlandes rouges, l'amenait comme pour le sacrifier. En voyant ces gens, l'auguste Vikramâditya s'écria : Fi ! méchants et pervers que vous êtes, lâchez cet homme à l'instant ; il est anéanti par la crainte de la mort. S'il vous faut absolument une victime humaine à sacrifier, je m'offre librement moi-même en victime ; mais jamais il ne pourra arriver que, en ma présence, un homme éperdu par la crainte de la mort soit livré comme victime pour le Naraka.

« En entendant parler le roi, ces gens furent extrêmement surpris et dirent : O grand être, tu es un homme fidèle au devoir jusqu'à l'excès ; on ne voit pas d'homme comme toi, qui, pour sauver la vie d'un individu avec lequel tu n'as aucun lien de parenté, t'efforces de renoncer à la tienne et n'en fais pas plus de compte que d'un brin d'herbe. Quand la maison brûle, le riche qui possède divers biens acquis au prix de beaucoup d'efforts douloureux, la femme belle et fidèle à son mari, le pandit, l'homme du devoir abandonnent leurs enfants et tout ce qu'ils ont de plus cher ; ils prennent la fuite pour garantir leur propre vie. Toi, pour sauver un étranger dont tu ne connais ni le pays, ni les mœurs, ni la famille, tu es prêt à renoncer à la vie à laquelle on tient (généralement) à l'excès! il est difficile de trouver un homme semblable à toi pour l'empressement à secourir les autres.

« Après avoir adressé au roi ces paroles, ils coupèrent les liens de l'homme amené pour le sacrifice et le lui remirent. Constamment préoccupé de la pensée de faire ce qu'il fallait, l'auguste Vikramâditya saisit son glaive et se préparait à s'immoler, quand, à l'instant, la déesse apaisée dit au roi : Hé! grand roi, je suis contente; demande ce que tu veux choisir. — Le roi répondit : Hé! déesse, si tu es satisfaite, accorde-moi ce don de mon choix : exauce le désir qui fait venir ces gens ici pour un sacrifice, et, à partir d'aujourd'hui, n'accepte plus aucun sacrifice humain. Accorde-moi ces deux choses. — Qu'ainsi soit, répondit la déesse; et, à dater de ce jour, aucun sacrifice humain ne lui fut plus offert. »

L'auguste roi Bhoja, ayant entendu ce discours de la vingt-septième figure, renonça ce jour-là encore.

RÉCIT DE LA 28ᵉ FIGURE

La vingt-huitième figure, pour empêcher l'auguste roi Bhoja de monter sur le trône, lui fit un récit des qualités de l'auguste roi Vikramâditya en ces termes « : Hé! dit-elle, roi Bhoja, écoute :

« Un jour, un pandit qui connaissait à fond le Çâstra des signes étant sur le chemin, bien fatigué, s'assit au pied d'un arbre, à l'entrée de la ville, pour se reposer. Ce pandit, en examinant les marques sur les parties du corps des hommes et des femmes, pouvait, grâce à sa profonde connaissance du sens du Çâstra des signes, deviner ce qui leur arriverait d'heureux ou de malheureux. Pendant qu'il était là, il remarqua sur la poussière la trace du pied d'un homme remarquable par des signes en forme de lotus, et se dit en lui-même : L'homme dont le pied a la marque du lotus est nécessairement un grand roi ; il faut donc bien que l'individu de qui proviennent ces traces, soit un grand roi : c'est évident ! Et cependant, si c'est un grand roi, comment donc viendrait-il à pied à l'entrée de la ville ? — Ce doute, troublant sa pensée, le préoccupait vivement.

« Sur ces entrefaites, un homme bien pauvre, portant sur sa tête une charge de bois, vint à passer. Le pandit remarqua que les deux traces de pieds, celles de ce pauvre et celles qu'il avait vues précédemment, étaient exactement pareilles, et il en tira la conclusion suivante : C'est à cet homme qu'appartiennent ces deux traces de pieds ; il n'y a pas de doute à cela ; mais quelle merveille n'est-ce pas que celui dont les pieds fournissent de telles empreintes soit un homme aussi pauvre ! — Ce problème le préoccupant, le pandit restait là l'air abattu.

« Sur ces entrefaites, l'auguste Vikramâditya s'approcha du pandit et, voyant son air abattu, lui fit cette question : Hé ! Brahmane. qui es-tu ? Pourquoi restes-tu assis ici ? —

Le pandit répondit : Je suis un pandit qui juge d'après le livre des signes ; je me reposais des fatigues du chemin quand j'ai vu un homme extrêmement pauvre, dont le pied droit avait la marque du lotus ; et je médite sur cette circonstance qui est en désaccord avec le sens du Çâstra.

« Après avoir entendu ces paroles du pandit, le roi ne répondit rien, rentra chez lui et rassembla ses pandits. Une fois que le conseil fut réuni, il dépêcha un messager au pandit pour le faire venir et lui posa cette question : Hé ! pandit ! cet homme pauvre dont tu as vu les pieds marqués du lotus, qui est-il ? — Cet homme, qui portait une charge de bois, répondit le pandit, est entré dans la ville ; je présume qu'il y demeure. — Quel est son nom ? reprit le roi. — Son nom ? répondit le pandit, je ne le connais pas ; mais sa mine et son maintien sont de telle et telle façon.

« A l'ouïe de ces paroles du pandit, le roi fit faire des recherches par un messager qui amena cet homme en sa présence. Après avoir constaté de ses yeux que c'était bien là l'homme décrit par le pandit, le roi dit : Hé ! pandit, sans l'examen comparatif des signes réguliers et des signes exceptionnels, il est impossible de se rendre compte du sens du Çâstra; fais donc la recherche du sens du Çâstra d'après les signes différents et forme ainsi tes inductions. Il faut que cet homme ait quelque signe fâcheux et prédominant dont l'influence empêche le bon signe de porter son fruit.

« Quand le roi lui eut parlé de la sorte, le pandit fit la recherche du sens du Çâstra et dit : Hé! grand roi, le sujet a-t-il le signe du lotus, etc.; c'est certainement un roi, voilà la règle générale. Mais si, sur la plante du pied ou la racine du palais, il a le signe « du pied du corbeau [1] », ce signe annule tous les signes royaux, quels qu'ils soient, et fait du sujet un homme pauvre; voilà l'exception.

« Le roi, ayant entendu cette parole du pandit, découvrit par quelque expédient et vit de ses yeux le signe « pied de corbeau » sur la partie postérieure du palais de cet homme, dont il reconnut ainsi la vraie nature. Il dit alors au pandit : Hé! pandit, je reconnais que tu es versé dans l'essence du Çâstra des

---

1. Signe en forme de croix appelé *Kâkapâda*.

signes ; c'est bon! Dis-moi donc quels sont mes signes de royauté et sur quelles parties de mon corps ils se trouvent. Le pandit examina, à plusieurs reprises, les membres du roi et dit : O grand roi, je ne vois sur ton corps aucun signe royal [1]. — Hé! pandit, reprit le roi, analyse le sens du Çâstra et conjecture quelle peut bien être l'exception. — Le pandit répondit : Hé! grand roi, si quelque homme n'a pas sur son corps des signes heureux bien distincts, ou s'il a des signes malheureux bien distincts, mais qu'il ait au côté gauche, à l'intérieur du corps, la marque appelée « réseau du mantra d'or », alors la conséquence des signes fâcheux ou de l'absence des signes heureux désignés par le Çâstra n'apparaît pas, tandis que la conséquence de tous les signes favorables se manifeste. Je conjecture donc qu'à l'intérieur

---

[1]. Il a été dit plusieurs fois dans les récits précédents (19 et 21) que la royauté de Vikramâditya se reconnaissait aux signes qu'il avait sur lui, et même qu'il était pourvu de vingt signes. A moins qu'on ne fasse allusion aux insignes royaux extérieurs (ce qui ne paraît pas probable), il y a contradiction entre ces récits et le présent récit. Je signale ce désaccord sans y attacher une bien grande importance.

de ton corps se trouve la marque appelée « réseau du mantra d'or. »

« A l'ouïe de ce discours, le roi, pour rendre manifeste le sens du Çâstra, prit en main un rasoir et se prépara à s'ouvrir le flanc gauche. Mais aussitôt le pandit retint la main du roi et dit : Hé! grand roi, il ne convient pas d'y mettre tant d'énergie; car il s'agit d'une chose qui dépasse les sens, et dont l'existence ne se manifeste que par ses effets, de même que Içvara, l'être unique et invisible, dont l'existence est démontrée et rendue comme visible à tous par les phénomènes qui apparaissent sous la forme du Samsâra. Puisque, de la même manière, les fruits de tes signes favorables se manifestent tous et arrivent à bonne fin, c'est fort bien! Cela prouve qu'il y a évidemment dans ton côté gauche la marque appelée « Réseau du mantra d'or »; qu'est-il besoin de la rendre visible en t'ouvrant le corps? — Après ces paroles du pandit, il n'y avait plus de doute à avoir sur le sens du Çâstra; le roi le comprit, il ne s'ouvrit point le corps avec un rasoir, fit don au pandit d'un grand nombre d'objets divers qui témoignaient de son extrême satisfaction, puis le congédia. »

La vingt-huitième figure ajouta : « Hé! roi Bhoja, le roi qui a une telle énergie est digne de s'asseoir sur ce trône. »

En entendant ce discours, le roi Bhoja se désista encore ce jour-là.

RÉCIT DE LA 29ᵉ FIGURE

Un autre jour, l'auguste roi Bhoja s'approcha du trône pour se faire sacrer. En le voyant, la vingt-neuvième figure lui dit : « Hé ! roi Bhoja, c'était l'auguste roi Vikramâditya qui s'asseyait sur ce trône ; je vais te raconter une histoire de lui. Ecoute :

« Un jour, un Vaitâlika se présenta à la porte (du palais) du roi Vikramâditya et dit au portier : Hé ! portier, j'ai entendu parler de la gloire du grand roi des rois, l'auguste Vikramâditya ; je suis venu de plusieurs pays éloignés pour me trouver en sa présence, fais-le lui savoir. A ces mots du Vaitâlika, le portier informa le messager du roi qui communiqua la nouvelle à Sa Maresté et, avec sa permission, donna l'ordre au portier d'introduire le Vaitâlika auprès du roi. Ce Vaitâlika était muni d'une canne qui valait deux cents pièces d'or. Son attention fut éveillée ; il se présenta sur le seuil du conseil du roi, et regarda la disposition, l'ordre et l'éclat du conseil. Après avoir contemplé le grand roi des rois, l'auguste Vikramâditya entouré de centaines de conseillers et de ministres habiles et prudents, de troupes de savants tels que Kalidâsa et autres renommés par leurs sciences diverses, entouré de chasse-mouches blancs et d'éventails, portant un sceptre d'or incrusté de diverses pierreries, placé sous un baldaquin blanc, il fit l'anjali et tint au roi ce langage : Hé ! grand roi des rois, en considérant attentivement ces conseillers et toutes ces autres personnes, j'assiste à une fête comme je n'en avais pas encore vu. — Quand le Vaitâlika eut prononcé ces paroles, le roi donna un ordre à son sujet. A l'instant même où le roi formulait cet ordre relativement au Vaitâlika, un homme tenant d'une main un glaive et, de l'autre, la main d'une jeune femme d'une beauté sans égale, se présenta soudain devant le roi et dit : O grand roi des rois, quelques-uns ont prétendu que, dans le Samsâra, la science est la chose essentielle : tel n'est pas mon point de vue. Mon idée à moi, c'est qu'une jeune femme d'une beauté sans égale et la multiplicité des plaisirs sont les deux choses essentielles. Ces deux choses-là, grand roi, jamais je ne les abandonnerais à d'autres. Mais aujourd'hui, il y aura, dans la région des nuages, un combat des dieux et des Dânavas. Il me faut aller à ce combat pour prêter main forte à Indra. Or, voici ma femme qui m'est plus chère que la vie : ce n'est pas en compagnie d'une femme que je puis me rendre sur le champ de bataille. Je n'irais pas au combat avec confiance si je la mettais sous la garde d'un autre ; mais je sais que le grand roi des rois est au suprême degré fidèle à la loi, qu'il étend sa protection sur les gens d'autrui comme sur ceux qui sont à lui, qu'il est vainqueur de ses sens, d'une bonté suprême ; c'est donc après avoir placé moi-même cette femme entre ses mains que je partirai pour le lieu du combat. Tel est mon désir ; je rends service aux autres en diverses manières : rends-moi celui de garder cette femme avec le plus grand soin jusqu'à mon retour.

« Le roi acccepta la proposition de cet homme, qui mit aussitôt sa femme en garde auprès du roi, prit congé de lui, et, sortant de l'assemblée en présence de tous, s'en alla par la voie des airs. Le grand roi et tout ce qu'il y avait de gens dans son conseil, tout émerveillés de cette aventure, restèrent à regarder en haut, jusqu'à ce qu'il eût disparu.

« Quelque temps après qu'il fût devenu invisible à tous les regards, la région céleste fut remplie du tumulte d'un combat. En entendant ce bruit, le roi et tout ce qu'il y avait de gens dans son conseil, les figures mêmes, furent étonnés. Sur ces entrefaites, les deux mains coupées de cet homme tombèrent sur le seuil du conseil du roi; aussitôt après, ses deux pieds coupés tombèrent également; après un court intervalle, la tête coupée de cet homme tomba à son tour. La femme de cet individu, voyant la tête de son mari coupée, se lamenta de diverses manières et fit au roi cette déclaration : Comme le clair de lune réside avec la lune, comme l'éclair brille et disparaît dans le nuage, ainsi le devoir suprême d'une femme qui vit avec son mari est de ne jamais l'abandonner : Je n'abandonnerai donc pas mari. Fais faire un bûcher, un amas de matières combustibles, et donne ordre qu'on le mette à ma disposition.

« A ces mots, le roi fut ému d'une compassion extrême et lui dit : Hé! épouse fidèle, les vivants sont liés entre eux aussi longtemps que dure la vie. Tant que ton époux était en vie, il était ton mari, il y avait un lien entre toi et lui. Mais pourquoi vouloir quitter ton corps à cause d'un homme qui ne te touche plus (en aucune manière)? quelle loi (t'y oblige)? Voici donc ce que tu as à faire maintenant. Si tu n'as point de goût pour les objets extérieurs, réfugie-toi dans la loi du brahmacarya (chasteté) et rends un culte constant à Içvara. Si tu as du goût pour les jouissances, prends pour mari un homme de bien qui te plaise, et goûte ainsi les jouissances, le bien-être et le contentement parfait. Je te donnerai d'abondantes richesses, afin que tu n'éprouves de la douleur en aucune manière.

« L'épouse fidèle, ayant entendu les paroles du roi, répondit : Hé! grand roi, je suis l'incarnation du devoir manifesté; aussi mon œuvre propre n'est-elle que l'affermissement du devoir : je dois l'accomplir. Sans doute je puis, en vertu de ma nature, pratiquer le brahmacarya qui a pour principe le renoncement aux actes de l'amour, et j'observerais ainsi mon devoir en gardant la fidélité à mon mari. Cependant ces désirs (qui règnent) dans le corps de l'homme, la vue claire (que j'ai) d'un ennemi puissant, l'application à la science du bien, toutes ces choses et bien d'autres exigent des efforts; je puis faiblir. L'observation de la loi du veuvage fixée par les Çâstras est trop rigoureuse. La condition du veuvage entraîne presque fatalement la faute. De même que l'épouse a sa part aux biens acquis par le mari, de même la mort de l'épouse résulte de la mort du mari. Ainsi, grand roi, au moment du mariage, quand le feu a été allumé après qu'on a prononcé les mantras du Veda, alors commence l'union indissoluble du mari et de la femme ; c'est dans cette promesse mutuelle que consiste l'accomplissement du mariage. Ainsi la femme est la forme extérieure de l'énergie de l'homme. L'homme peut subsister sans l'énergie; mais, sans l'homme, l'énergie ne pourrait jamais subsister. Il en est comme d'un feu qu'on aurait allumé avec de grands ausadhis et des mântras précieux : le feu peut exister sans sa puissance de brûler, mais la puissance de brûler ne saurait exister sans le feu. Enfin, grand roi, il est parfaitement connu dans le monde que l'objet pour lequel on abandonne la vie suppose un amour extrême pour cet objet, de la part de celui qui se sacrifie. Donc, grand roi, par l'opinion du monde, par le Çâstra, par la logique, il faut de toute nécessité accomplir l'acte. A quoi bon raisonner pour y mettre obstacle ? Quand l'esprit d'une personne s'est fixé sur un objet, les autres hommes tentent vainement de l'empêcher. Ainsi, quand un courant d'eau se précipite vers les régions basses, c'est faire un travail intile que de vouloir l'arrêter.

« Le roi, comprenant, par ce langage, que cette femme était décidée à mourir avec son mari, dit : Hé bien ! épouse fidèle, les paroles que tu as dites sont valables ; c'est fort bien ! Celles que j'ai proférées n'avaient aucune valeur ; elles étaient uniquement destinées à mettre en évidence ta fermeté.

« Après avoir adressé ces paroles à l'épouse fidèle, il donna ordre d'élever un bûcher. Quand vint le moment de se brûler, comme les gens consumés par la chaleur entrent dans l'eau froide, ainsi cette femme, tourmentée par l'amour qu'elle avait voué à son mari, entra dans la source de feu du bûcher. Immédiatement le roi et tout ce qu'il y avait des gens formant son conseil louèrent la vertu de cette épouse fidèle.

« Sur ces entrefaites, le mari de cette femme, l'homme dont les membres avaient été coupés et meurtris dans le combat parut couvert de sang au milieu de l'assemblée. Le roi et les gens de son conseil, en voyant cet homme, furent étonnés au plus haut degré, et commencèrent à se regarder les uns les autres. L'homme dit au roi : Hé ! grand roi, j'ai fait l'œuvre pour laquelle j'étais parti, je l'ai accomplie et achevée. Donne maintenant l'ordre qu'on me rende ma femme, et je retourne dans mon pays.

« En entendant ces paroles, le roi cherchait quelle réponse il pourrait faire et n'en trouvait pas de satisfaisante. Dans son embarras, il se mit à regarder en face les conseillers. Ceux-ci comprirent l'intention du roi et dirent à l'homme : Hé ! le meilleur des héros, quelque temps après que tu fus parti d'ici, une tête semblable à la tienne est tombée devant nous. A la vue de cette tête coupée, ta femme se lamenta en plusieurs manières, et, sans écouter ce que le roi lui disait pour la retenir, elle subit la mort simultanée (c.-à-d. la mort avec son mari).

« Quand les conseillers lui eurent dit ces paroles, l'homme garda quelque temps le silence, puis il poussa un long soupir et dit au roi : « Hé ! grand roi, les gens du monde font l'éloge de ta fidélité dans l'accomplissement du devoir et de toutes tes autres qualités si nombreuses. D'où vient qu'elles sont nulles et non avenues pour moi, sans qu'il y ait de ma part aucune faute ? Grand roi, si, tout en sachant à quel point je chéris ma femme, tu as eu pour elle une passion, tu ne dois pas céder à cette passion. J'ai été quelque temps sans voir ma bien-aimée, et j'en ai l'esprit troublé. — Le roi, ayant entendu ces paroles, répondit : — Il n'y a point de passion, je l'affirme hautement. — Grand roi, reprit l'homme, je sais jusqu'où va ta fidélité au devoir. Maintenant, il faut me rendre ma femme : donne-la moi donc, ou livre-moi la tienne.

« En entendant ces paroles, le roi, par crainte de violer le devoir, alla de sa personne à l'instant même dans l'Antapura [1], prit par la main sa propre femme, la reine, s'avança dans la salle du conseil et regarda : l'homme n'y était plus.

« Sur ces entrefaites, le Vaitâlika se présenta devant le roi, fit l'anjali et fit cette déclaration : Hé! grand roi, par la puissance de la science Indrajâla, j'ai fait une manifestation de la science magique [2] : de tout ce que tu viens de voir rien n'est réel. Grand roi, cesse d'être chagrin, et porte-toi bien.

« En entendant ces paroles du Vaitâlika, le roi, bien content, ramena sa Râni dans l'Antapura et revint siéger dans le conseil. Sur ces entrefaites, un amas de richesses de tout genre, des centaines d'éléphants et de chevaux, tout un ensemble de présents parut devant le roi venant de la part du roi du pays de Pândya. L'auguste Vikramâditya offrit tout cet appareil au Vaitâlika, et le congédia satisfait. »

La vingt-neuvième figure ajouta : « Hé! roi Bhoja, le roi qui est aussi terrible (que

---

1. Appartement intérieur, appartement de femmes, gynécée.

2. Ou la science de Mâyâ (Mâyâvidyâ).

Vikramâditya) dans l'accomplissement du devoir est digne de s'asseoir sur ce trône.»

Après ce récit, le roi Bhoja se désista encore ce jour-là.

RÉCIT DE LA 30e FIGURE

Un autre jour encore, la trentième figure dit à l'auguste roi Bhoja : « Hé ! roi Bhoja, c'est l'auguste Vikramâditya qui siégeait sur ce trône ; écoute le récit de sa munificence.

« Dans la ville d'Avantî était un grand personnage nommé Çrîdatta ; il était si riche que lui-même ne savait pas le nombre de ses richesses. Ce grand personnage avait un fils nommé Somadatta qui eut un jour le désir de faire un palais et entretint son père de ce dessein. Le père ayant donné son consentement, il commença le palais lors de la conjonction de l'astérisme Pushya et du soleil.

« Ce fut le jour de la conjonction du Pushya et du soleil qu'il forma le projet d'édifier ce palais, et, dès le lendemain, le travail de la construction était achevé. Ainsi, en très peu de temps, le palais fut prêt. Aussitôt, choisissant un instant heureux, Somadatta le fils vertueux fit son entrée dans le palais; et, quand vint la nuit, le fils vertueux se coucha dans le palais sur un palanquin. Sur ces entrefaites, la parole *padi padi* (« je tombe, je tombe »), prononcée à haute voix, sortit de ce palais. En entendant ce son, Somadatta fut surpris et épouvanté; il passa la nuit comme il put.

« Le lendemain, étant fort perplexe, il se présenta devant l'auguste Vikramâditya et lui raconta tout au long, depuis le commencement, l'histoire du palais.

« Le roi, après avoir entendu toute cette explication, lui donna deux fois autant d'argent que Sodamatta en avait dépensé, acheta ainsi le palais, et, quand vint la nuit, fit son lit au milieu du palais. Sur ces entrefaites, la voix qui disait : *padi padi*, sortit du palais. En entendant cette parole, le roi répondit au plus vite : *pada* (« tombe! »). A l'instant, une pluie d'or tomba dans ce palais, elle tomba toute la nuit. A l'endroit où était le roi, ce fut une pluie de fleurs qui tomba.

« Au matin, le roi donna à Somadatta, avec le palais, tout l'or qui était tombé en pluie, et lui-même s'en alla dans sa salle d'audience. »

La trentième figure ajouta : « O roi Bhoja, si tu possèdes une force et une munificence semblables, siège sur ce trône; sinon, tu n'y siégeras pas sans qu'il t'arrive malheur. » A ces mots, ce jour-là encore, l'auguste roi Bhoja revint sur ses pas.

RÉCIT DE LA 31ᵉ FIGURE

Un autre jour encore, l'auguste roi Bhoja se tenait près du trône pour se faire sacrer, quand la trente-et-unième figure lui dit : « Hé ! roi Bhoja, écoute un peu le récit de la munificence du roi Vikramâditya à qui appartenait ce trône.

« Un jour, le fils d'un marchand vint d'un village à la ville d'Avantî pour y vendre des marchandises ; il s'y rendit compte des procédés des habitants de la ville, et de ceux du grand roi Vikramâditya. De retour dans son village, il raconta son voyage à son père : Hé ! père, dit-il, j'ai vu, dans la ville d'Avantî, une chose merveilleuse. Tant que les objets à vendre sont exposés dans les boutiques, les acheteurs font l'acquisition (de ceux qui leur plaisent) et les emportent : mais tout ce qui reste après la vente, le grand roi Vikramâditya, de peur de laisser prendre à la ville une mauvaise renommée, l'achète lui-même pour le prix qu'on en a offert.

« Ce marchand pervers, ayant appris ces nouvelles de la bouche de son fils, emporta une image en fer nommée Dâridra et prit place à la foire d'Avantî, en vue de la vendre. Les acheteurs s'approchèrent de ce marchand pervers et lui demandèrent le prix de cet objet. A leurs questions le marchand répondit : Le nom de cette image est Dâridra, le prix est de 10,000 mûdrâ. Celui qui fait l'acquisition de cette figure, Laxmi[1] l'abandonne à l'instant même où il en prend possession. En entendant ces paroles, les acheteurs disaient : Nous la laissons à nos ennemis, — et tous s'en détournaient. Il en fut ainsi toute la journée; le soir arriva. Les messagers royaux venus en présence du roi, lui firent savoir toute l'affaire. Le roi, pour observer sa parole, donna le prix de-

---

1. La déesse de la Fortune, la Fortune elle-même.

mandé, 10,000 mûdrâ, prit l'image en fer Dâridra et la garda dans son trésor.

« Aussitôt, ce même jour, quand la nuit fut venue, la Laxmî royale prit une forme, et demanda congé au roi. Le roi, faisant l'anjali, prononça plusieurs paroles à la louange de Laxmî et lui fit cette déclaration : Hé ! mère, Laxmî royale, quelle offense ai-je commise? Je n'ai point eu de torts. Pourquoi me quittes-tu? — Il n'y a point eu d'offense de ta part, répondit Laxmî ; mais je ne puis rester dans le lieu où est Dâridra. Telle est la cause de mon départ. — A ces mots, le roi répondit : Si tu dois t'en aller pour ce motif, eh bien! va-t-en ; jamais je ne me déciderai à violer les engagements pris par moi. — Quand il eut prononcé ces paroles, la Laxmî royale partit, et, à l'instant, le discernement, le calme, la patience, la pitié, la prudence et toutes les autres bonnes qualités abandonnèrent le roi, qui, néanmoins, ne voulut pas se départir de sa parole.

« Ensuite la qualité de Vérité prit un corps ; elle se manifesta, elle aussi, et demanda congé au roi. Le roi refusa, et, dans des entretiens sur la discipline, la pria de ne pas le laisser tout à fait seul. — Pour toi, dit-il, Laxmî royale, discernement, etc., j'ai tout perdu. Pour quelle raison m'abandonnes-tu? — La qualité de Vérité répondit : Je viens à la suite du discernement (du calme), etc. Si donc, grand roi, tu tiens à ce que nous ne nous séparions pas, renonce à l'engagement en vertu duquel tu as pris le bonhomme Dâridra, ou bien, détruisant ton corps de ta propre main, abondonne-le, ce corps! je t'assisterai dans la transmigration.

« A l'ouïe de ces paroles, le roi, craignant de rompre son vœu d'engagement pris avec Vérité, et ne pouvant se résoudre à violer sa parole, prit son glaive et se disposait à se trancher la tête quand la qualité de Vérité retint aussitôt la main du roi et dit : Hé! grand roi, c'est pour voir jusqu'où irait ta fidélité à la loi que j'ai parlé ainsi. Je comprends ; tu es très attaché à la loi. C'est le cœur de l'homme qui est le lieu de mon habitation ; aussi je ne t'abandonnerai pas, je resterai près de toi. — Peu de jours après, la Laxmî royale, à laquelle cette qualité de Vérité était liée, le discernement et les autres qualités revinrent (près du roi). »

La trente-et-unième figure ajouta : « Hé!

roi Bhoja, un homme uni comme celui-là à l'essence de la Vérité est seul digne de s'asseoir sur ce trône. »

A la suite de ce discours, l'auguste roi Bhoja tourna le dos encore ce jour-là.

RÉCIT DE LA 32e FIGURE

Un autre jour, comme l'auguste roi Bhoja essayait de monter sur le trône, la trente-deuxième figure dit : « Hé ! roi Bhoja, c'était l'auguste Vikramâditya qui, par sa moralité, était digne de se mettre sur le trône. Ecoute un récit de ses qualités :

« Un jour il fut mis dans l'embarras, lorsque, les grains étant venus à manquer dans plusieurs contrées, les habitants de ces pays tourmentés par la famine née de la cherté de vivres firent ce raisonnement : Le grand roi des rois, l'auguste Vikramâditya est parfaitement fidèle à la loi. Il n'y a pas de famine dans son pays : allons-y donc pour sauver notre vie. — Après avoir raisonné de la sorte, ils passèrent du pays de tel et tel autre roi dans celui de l'auguste Vikramâditya.

« Informé de cette circonstance par les rapports de ses messagers, l'auguste roi Vikramâditya fit publier partout dans ses états l'ordre suivant : Que les étrangers venus pour avoir des aliments puissent manger en toute liberté ce qu'ils trouveront et où ils le trouveront sans qu'on y mette nul empêchement. Quant aux pertes en argent qu'on pourrait faire à cette occasion, on en sera indemnisé par mon trésor jusqu'à concurrence de la somme dépensée. — Quand cette proclamation fut faite, tous agirent suivant les ordres du roi.

« Sur ces entrefaites, de riches habitants de la ville qui n'avaient pas pris la précaution d'acheter des denrées alimentaires vinrent faire au roi cette déclaration : Hé! grand roi, nous, habitants de la ville, personnages distingués, qui ne nous occupons pas de labourage et sommes obligés d'acheter les aliments qui servent à notre nourriture, nous ne pouvons plus avoir maintenant pour cent mudrâs ce qui n'en vaut qu'un seul ; il en résulte que nous n'avons plus le moyen de vivre et d'entretenir nos gens.

« Quand l'auguste Vikramâditya eut entendu ces paroles des gens distingués, il fut extrêmement perplexe ; et il fit dans sa pensée ce dilemme : Si je repousse ces étrangers affamés, alors ma parole devient sans effet ; si j'empêche les vendeurs de profiter du prix élevé des subsistances, alors c'est mon vœu de protection universelle qui est brisé. — Dans cette perplexité, il adressa une requête à Parameçvarî qui se montra à lui et lui donna cet ordre : Hé ! grand roi, fais une demande à ton choix ! — Le roi, faisant l'anjali, prononça un éloge suivi et varié de Devî tant en vers qu'en prose, et lui adressa cette demande : Hé ! Devî, si tu es contente de moi, accorde-moi ce don : que, dans mes états, chaque maison soit fournie de denrées alimentaires inépuisables. — Qu'il en soit ainsi, dit la déesse et, extrêmement satisfaite de la fidélité du roi à son devoir de protéger les autres, elle lui donna un joyau appelé cintamani, puis disparut,

« Le roi, rempli de bonnes dispositions pour le bien-être de toutes les créatures, prit place sur son trône, et, après avoir délibéré avec tous ses conseillers, ses chefs de district, ses ministres, etc., il décida qu'il fallait faire un pèlerinage aux étangs sacrés. En conséquence, il donna des ordres pour qu'on fît tous les préparatifs et approvisionnements nécessaires, et continua de siéger.

« Sur ces entrefaites, un Sannyasi fourbe et trompeur, qui était matérialiste et prétendait qu'on ne devait s'en rapporter qu'au témoignage des yeux, arriva dans le conseil et s'approcha (du trône); il était vêtu d'une peau d'antilope noire. Il dit au roi : Hé! grand roi, pourquoi fait-on tous ces préparatifs? — Je vais faire un pèlerinage aux étangs, répondit le roi; c'est pour cela qu'on fait tous ces préparatifs. — Le matérialiste reprit : Qu'est-ce que les étangs? Et pourquoi faire un pèlerinage aux étangs? — Les étangs, répondit le roi, ce sont le Gange et tous les autres (amas d'eau). Quand on s'y baigne, et qu'on y fait d'autres cérémonies, on acquiert des mérites. Le Svarga appartient à quiconque aspire au fruit de ces mérites. Celui qui n'atteint pas à ce fruit obtient (du moins) la purification de l'esprit, et progressivement, par l'accoutumance, la connaissance de la vérité et, par suite, la délivrance.

« Le sophiste, après avoir entendu ces paroles, poussa un immense éclat de rire et dit : Périssent les ignorants trompeurs dont les preuves sont vaines et factices! Mais toi, grand roi, tu es savant, tu saisis l'essence des choses ; ce langage n'est pas digne de toi. Ecoute les discours des sages qui aspirent au but suprême. Les hommes ignorants qui font des actes en vue du Svarga sont dans un grand égarement d'esprit. Voir un acte disparaître sous ses yeux, et oser prétendre que cet acte qui a cessé d'exister est, grâce à la transmigration, le générateur d'un fruit tel que le Svarga! Mais un acte qui a cessé d'exister ne peut être le générateur d'une opération nouvelle, pas plus qu'un fil brûlé ne peut être le générateur d'un habit. Donc le Svarga n'est pas réel et, par conséquent, le Naraka n'existe pas davantage. Cette existence postérieure à la destruction du corps actuel, cette attache du moi à la transmigration, ce sont là de vrais discours d'aveugles, comme les traditions que les Siddhas se transmettent les uns aux autres. Il est donc faux que le moi revête de nouveaux corps. Par conséquent, le Svarga et le Naraka ne sont pas réels. De même la justice et l'injustice absolues n'existent pas. « Le moi survit au corps », dit-on. Ce sont là paroles en l'air, comme (ce qu'on dit) des fleurs célestes, des arbres et autres plantes de la Grande Forêt. Cet être qui existe et se soutient par lui-même, qui produit la fin de toutes choses, créateur, conservateur et destructeur du Samsâra, Içvara (le seigneur) n'est qu'une fiction, une pure fiction. Ainsi toute conception qui s'appuie sur des démonstrations dépassant l'ordre des choses visibles manque de preuves solides et n'est, pour les gens aveuglés par l'ignorance comme un golângula¹ aveugle qu'une cause de trouble (et d'égarement), une mauvaise conseillère.

L'auguste Vikramâditya, après avoir entendu les divers discours par lesquels le sophiste s'efforçait de détruire l'autorité des Vedas, fut quelque peu en colère et dit : Fi! incrédule! si, d'après tout ce que tu as dit, à savoir qu'il n'y a pas de preuves supérieures au témoignage des yeux, t'appuyant sur ce principe, tu récuses l'autorité de l'induction, et des autres raisonnements analogues pour accepter seulement les preuves fournies par le témoignage des yeux ; comment alors le

1. Espèce de singe (Babouin?)

pandit qui serait le meilleur des précepteurs, s'il lui arrivait malheureusement d'être excessivement sourd, pourrait-il saisir l'autorité de sa propre parole? Or, s'il ne la saisit pas, il ne pourra mener à bonne fin aucune affaire, et sera obligé de chercher dans le monde un pandit capable d'exécuter les instructions d'autrui; c'est le seul moyen qu'il puisse avoir d'achever ses propres affaires. Et si tu vois en songe qu'on te coupe la tête, comment te comporteras-tu après ton réveil, sera-ce en mort, ou en vivant? Si tu te comportes comme un mort, on pourra dire que tu es habile à changer de rôle; si tu te comportes comme un vivant, alors tu méconnais l'autorité des choses visibles. Par conséquent, il faut nécessairement que tu admettes l'autorité de l'induction établie par tous les Çâstras traitant de ce qui est supérieur au témoignage des yeux.

« Et maintenant je te questionnerai sur un point. Sommes-nous venus ici tombés du ciel, ou bien descendons-nous de quelque famille? Si tu dis que nous sommes tombés du ciel, tu es fou; si tu dis que nous sommes nés d'une certaine famille, tu admets par cela même la preuve de l'origine

de cette famille. Or, que d'ras-tu à ceci?
Les hommes qui nous ont précédés sont nés
d'une certaine famille, eux aussi. Voilà ce
que j'ai entendu dire aux gens qui admettent l'autorité des preuves par le raisonnement. Par conséquent, tu admets, bien malgré toi, comme prouvée l'autorité du son
qui est la forme d'une parole d'autorité. Si
cette forme est l'induction, l'induction étant
valable, l'autorité du son est valable aussi,
et tu es bien forcé d'admettre l'objet. Or,
selon la logique, il n'est pas permis de n'admettre une chose qu'à moitié. Tu seras
donc bien forcé d'admettre entièrement, tel
qu'il est défini, celui que l'on affirme exister
continuellement, être l'espace, le temps, la
cause (première), la jouissance et la souffrance même correspondant aux actes vertueux et vicieux qui se produisent, l'industrieux par excellence, qu'on ne peut se
figurer (même) en songe, qui est l'ordre en
personne, la cause du Samsâra, le Seigneur
suprême. Fais dans ton esprit ce raisonnement, et dis-toi bien : Toutes les choses
susceptibles d'augmentation ou de diminution ont nécessairement une borne. De
même que dans les étangs, fleuves, etc., l'eau

qui est de nature à diminuer ou augmenter a une borne contre laquelle elle vient se briser ; ainsi la souveraineté, l'héroïsme, la gloire, l'éclat, la science, l'exemption de passion étant de nature à diminuer ou à augmenter dans la masse des êtres vivants, il faut reconnaître à cette souveraineté et aux autres qualités supérieures, tout autant qu'il y en a, une certaine limite. Or celle qu'on lui reconnaîtra, c'est nécessairement cet unique Seigneur suprême dont voici la nature : il est omniscient, seigneur de tout, se révélant comme la série de tous les effets permanents, aussi bien que comme la cause de toutes choses, témoin de tout ce qui remplit l'espace. Sans pieds, mais allant partout, sans mains, mais saisissant tout, sans yeux, mais voyant tout, sans oreilles, mais entendant tout ; il connaît tout, il est partout et néanmoins nul ne peut le saisir ; il n'a besoin d'aucun appui, il est l'appui de toutes choses ; il est, par sa nature, bonté, intelligence, félicité ; sa force lutte contre les difficultés et en triomphe par l'habileté. Aussi Mahâmâyâ, après l'avoir fait, a dit dans le Çâstra : Sa propre nature est d'être la cause et la racine du monde entier ; de là vient qu'on l'appelle Nature-racine. Ceux qui connaissent l'essence du Seigneur savent que ce monde, simple effet de la puissance du Seigneur, est semblable à un songe. Aussi le grand sommeil ¹, après avoir fait la force du Seigneur, dit : Par la coopération d'une telle force, le Seigneur suprême sans qualités, sans activité, n'étant par sa nature que pure bonté, intelligence, félicité, aura en propre la science de toutes choses et toutes les autres qualités. Si l'on offre des hommages non-interrompus à un Seigneur suprême tel que celui-là et si l'on cultive ainsi la science pendant longtemps, c'est une cause de délivrance finale.

« L'auguste Vikramâditya, après avoir parlé de la sorte au sophiste, reprit ainsi : Hé ! sophiste, je te dirai le sens intime de tout le Çâstra; écoute : De même qu'une mère, au moment où, pour faire cesser la maladie de son fils, elle lui donne à boire du jus d'herbes médicinales, astringentes, piquantes, âcres, l'encourage par ces paroles : Hé ! mon enfant, quand tu auras bu ce jus d'herbes, je te donnerai des confitures et d'autres douceurs; de la même manière que, en lui montrant la récompense, elle lui fait boire le jus d'herbes ; ainsi, pour faire cesser la maladie qui se présente sous la forme du désir, de la colère, de la cupidité, de l'orgueil, de l'égoïsme, la doctrine, sous forme de mère, montrant le fruit sous forme de svarga, etc., pousse à l'accomplissement d'une foule d'actes qui exigent des efforts. Comme le fruit de la cessation de la maladie est la santé, ainsi le fruit de la cessation du désir et des autres passions est l'état moral qui consiste dans l'empire de soi-même. Le fruit suprême de la masse de tous les actes est donc l'empire sur soi-même. Les actes de celui qui est maître de soi-même ont de la valeur; les actes de celui qui n'est pas maître de soi-même sont vains et sans fruit. Toi donc qui n'as point l'empire sur toi-même, pourquoi perds-tu ton temps avec ta science superficielle ?

« Quand le sophiste eut entendu tout ce discours sur le breuvage (extrait) du grand Aushadhi (herbe médicinale), l'athéisme de Piçâca qui s'était fixé dans son esprit fut dissipé. Le sophiste considéra l'auguste Vikramâditya comme son guru et accueillit toutes ses paroles. Là-dessus le roi satisfait rendit le sophiste content en le comblant de toutes sortes de richesses. »

ÉPILOGUE

A peine la trente-deuxième figure eut-elle fini ce récit que les trente-deux figures dirent ensemble : « Hé! roi Bhoja, en nous appuyant sur le récit des qualités de l'auguste roi des rois Vikramâditya, nous t'avons longuement exposé toutes les qualités supérieures des rois. Celui en qui elles se rencontrent toutes est supérieur et digne de s'asseoir sur ce trône; tout autre n'y trouverait qu'un amas d'infortunes. Voilà pourquoi, désirant ton bien, nous t'avons détourné d'y siéger. Ce n'était pas que nous fussions mécontentes de toi; tu nous as rendu un grand service. Nous te sommes redevables d'être délivrées d'une condition d'immobilité à laquelle nous étions condamnées par la malédiction d'un Muni ; nous avons recouvré la faculté de nous mouvoir. Sois heureux, exerce la royauté dans une suprême félicité : nous prenons le trône et retournons chez nous. »

Après avoir adressé ces paroles à l'auguste roi Bhoja, les figures prirent le trône et se mirent en route pour retourner chez elles. L'auguste roi Bhoja, de son côté, prit le chemin de sa demeure.

FIN

TABLE ALPHABÉTIQUE

DES NOMS PROPRES

TABLE ALPHABÉTIQUE

DES NOMS PROPRES

ACCOMPAGNÉS D'EXPLICATIONS

Nota. — Les chiffres qui suivent ces explications indiquent les numéros des récits où se trouvent les noms expliqués. L'abréviation Intr. indique qu'ils se trouvent dans l'introduction.

Açvina. — Le sixième mois de l'année indienne, 2.
Adrishtârtha (« L'objet invisible »). — Nom générique des quatorze sciences dont l'objet est invisible et qui forment la première section des sciences, 4. (Voir Drishtârtha.)
Agni. — Nom d'un Vetâla qui tue tous les rois créés à Avantî depuis l'abdication de Bhartrihari. Ses relations avec Vikramâditya qui le nourrit

et, à la suite d'un différend, lutte avec lui; il promet de l'assister en toutes ses difficultés, lui fait vingt-cinq récits, et le prémunit contre les pièges d'un yogî. Intr.

Agrahâyana. — Le huitième mois de l'année indienne, 2.

Akâça-Gangâ. — Gange céleste dont Manassiddhi a de l'eau dans un vase d'or, 26.

Amarasinha. — Un des beaux esprits de la cour de Vikramâditya. Intr.

Amrita (« Breuvage d'immortalité »). — Madanasanjivanî oint d'amrita le corps de Vikramâditya qui avait été plongé dans l'huile bouillante, 14. — La divinité du soleil fait pleuvoir l'amrita sur Vikramâditya brûlé par les rayons de l'astre et lui fait ainsi reprendre ses sens, 18. — Vikramâditya ayant obtenu de Vâsûki de l'amrita pour ranimer son armée plongée dans la stupeur, en fait don à deux hommes qu'il ne connaît pas; Vâsûki fait alors pleuvoir l'amrita sur l'armée de Vikramâditya et la réveille de sa torpeur, 23.

Anangasenâ. — Reine d'Avantî, première épouse (Rânî) de Bhartrihari, dominait son mari; il lui donne un fruit merveilleux qu'elle passe aussitôt au premier conseiller, son amant. Intr.

Anjali. — Salutation consistant en une inclinaison du corps pendant que les mains, réunies comme pour recevoir quelque chose, sont élevées à la hauteur du front, 3, 11, 15, 17, 29,

Ashâdha. — Le troisième mois de l'année indienne, 2.

Atharvan-veda. — La quatrième des dix-huit sciences et des quatorze de l'Adrishtârtha, 4.

Aushadhi ou *Oshadhi* (grand —); — Herbe médicinale, 1; — à laquelle est comparée la science salutaire qui assure la délivrance finale, 32.

Avantî. — Nom de ville. Bhartrihâri, qui y régnait, abdique et, après un interrègne, est remplacé par son frère Çrî-Vikramâditya. Intr. (citée dans presque tous les récits.)

Ayurveda (« La science de la vie, médecine »). — La première des quatre sciences du Drishtartha, Intr. 4.

Bahuçruta. — Nom du premier conseiller de Nandâ, roi de Viçâlâ, 1.

Bhartrihari. — Roi d'Avantî, frère aîné de Vikramâditya, offre un fruit merveilleux à sa femme qui le donne à un amant. Bhartrihari, dégoûté de la vie, quitte le trône et se retire dans la forêt. Il n'avait pas d'héritier direct. Intr.

Bhadra. — Cinquième mois de l'année indienne, 2.

Bhadrasena. — Grand personnage du royaume de Vikramâditya, meurt en laissant une grande fortune, père de Purandara, 11.

Bhânumatî. — Reine de Viçâlâ, première épouse du roi Nanda, avait un grain de beauté sur la cuisse : le roi ne pouvait siéger au conseil sans elle. On fait son portrait ; ce qui en résulte, 1.

Bhavabhûti. — Un des beaux esprits de la cour de Vikramâditya. Intr.

Brahma. — Le premier des dieux; insolence de Kandarpa envers lui, 11.

Brahmacari (« Jeunes brahmanes faisant leur noviciat »). — Réunions et entretiens des Brahmacaris de Padmâlaya. Récit de l'un d'eux entendu par Vikramâditya, 19.

Brahmacarya. — Célibat et chasteté. Le Brahmacarya « a pour principe l'abandon des actes de l'amour »; appliqué à la situation d'une veuve qui ne se remarie ni ne se brûle, mais reste en vie fidèle à son époux décédé, 29.

Buddhi çekhara. (« Guirlande d'intelligence »). — Fils d'un conseiller de Vikramâditya, commença par abhorrer l'instruction ; éclairé par les remontrances de son père, il acquiert de l'instruction en pays étranger et, de retour chez lui, raconte ce qu'il a vu, 20.

Buddhisâgara. « Océan d'intelligence ». — Conseiller de Vikramâditya désolé de l'ignorance de son fils ; remontrances qu'il lui adresse, 20.

Caitra. — Douzième mois de l'année indienne, 2.

Çakrâvatâr (« La descente de Çakra »). — Etang sacré appartenant à la divinité Yugâdideva dans le pays de Ratnavatî, 14.

Çalavâhana. — Né dans la ville de Pratishthâna,

d'une Brahmanî veuve et d'un Nâga, donne l'explication d'une énigme. Mandé pour ce motif, par Vikramâditya, refuse de se rendre près du roi, résiste à ses armées par des moyens magiques, et quand Vikramâditya a reçu l'amrita de Vâsuki pour réveiller son armée engourdie, envoie deux de ses gens demander cet amrita au roi qui le livre sans difficulté, 23. Sans doute le même que le suivant :

Çâlivâhana. — Roi de Pratishthâna, doit être le même que le précédent; est en guerre avec le roi d'Avantî, Vikramâditya qui périt dans la bataille. Intr.

Çanaiçcara (« Qui va lentement »). — La planète Saturne. Quand elle brise le char de Rohinî et vient dans le champ de Vénus ou de Mars, alors il y aura famine inévitablement, 24.

Candra-çekhara (« Guirlande de la lune »). — Roi d'un pays non désigné, obtient le don de l'immortalité à la condition d'être brûlé chaque jour pour revêtir un nouveau corps, afin de devenir semblable à Vikramâditya. Vikramâditya l'affranchit de cette nécessité après s'être soumis à la même épreuve, 16.

Candramauli (« Qui a la lune pour diadème »). — Savant brahmane du Kaçmir, instituteur de Kamalakar, 8.

Çanku. — Un des beaux esprits de la cour de Vikramâditya. Intr.

Çarâdânanda. — Guru de Nanda, roi de Viçâlâ, 1.

Caranâravindadhyâna (Çriman Narâyana —). Première invocation de Vikramâditya à son réveil, 22.

Çâstra, 4, 12, 15, 17 28, 29, 32. — La méditation des Çâstras distingue l'homme de la bête, 20, 23, 24.

Chanda. — Le sixième Vedanga qui se rattache aux quatre sciences védiques, 4.

Çilpa-çâstra (« Le livre des arts manuels »). — La dernière des dix-huit sciences, la quatrième des sciences dont l'objet est visible.

Cintamani. — Joyau, appelé incomparable, dont les effets ne sont pas indiqués; offert par un yogî à Vikramâditya qui le donne à un pauvre, 13. — Donné par Devî ou Parameçvarî à Vikramâditya qui l'avait invoquée pour conjurer la famine, 32.

Citrakuta (« Aux sommets variés »). — Nom d'une montagne sur laquelle est une pagode et au pied de laquelle coule un fleuve dont l'eau est comme du lait sur le corps des innocents et comme de l'encre sur celui des coupables qui s'y baignent, 2.

Cirajiva (« Longue vie »). — Nom d'un oiseau résidant avec plusieurs autres sur un arbre dans un pays non désigné, 10.

Çixâ. — Le premier des Vedanga, 4.

Çonitapriyâ (« Qui chérit le sang »). — Divinité

de Vetâlapura, à laquelle on offrait des sacrifices humains que Vikramâditya fait cesser, 27.

Çrâvana. — Quatrième mois de l'année indienne, 2.

Çrîdatta (« Donné par Çrî »). — Riche personnage d'Avantî, qui ne savait même pas le compte de ses richesses, père de Somadatta, 30.

Çukra. — La planète Vénus ; si la planète Saturne vient dans son champ, il y aura famine. 24.

Dânavas. — Génies, adversaires des dieux ; leur lutte contre les dieux, 29.

Danda (« Châtiment, bâton »). — Talisman au moyen duquel on ressuscite les morts, 19.

Dandaçâstra (« Livre du châtiment »). — Code pénal observé par Vikramâditya. Intr.

Dandaniti (« Conduite du châtiment »). — Code pénal observé par Vikramâditya, 17, 22.

Dâridra. — Figure qui a le privilège de mettre en fuite la Laxmî et toutes les vertus de Vikramâditya, 31.

Deva. — Les dieux, ennemis des Dânavas, 29. — Ont baratté la mer de lait, 25.

Devadatta (« Donné par les dieux »). — Nom d'un Brahmane d'Avantî qui, après avoir sauvé la vie au roi dans le désert, cache le fils du roi pour l'éprouver ; le roi refuse de le punir, et, après avoir recouvré son fils, comble de biens Devadatta, 4.

Devî. — Divinité principale d'Avantî, capitale du roi Bhartriharî, donne à un brahmane un fruit merveilleux. Intr. La même que Parameçvarî; Vikramâditya l'invoque pour conjurer la famine, 32.

Dhanadatta (« Donné par la richesse »). — Marchand d'Avantî, extraordinairement riche; ses libéralités, ses visites aux étangs sacrés, et ce qui en résulte, 6.

Dhanurveda (« Science de l'arc »). — La deuxième science de la section Dristârtha, 4.

Dhanvantir. — Un des beaux esprits de la cour de Vikramâditya. Intr.

Dhârâ. — Ville du Midi; capitale du roi Bhoja. Intr.

Dristhârtha. — Deuxième catégorie des sciences (au nombre de quatre), celles dont l'objet est visible, 4.

Durjaya (« Difficile à vaincre »). — Râxasa de Kanci, oppresseur de Naramohinî, tué par Vikramâditya, 8.

Gandharva-çâstra (« Livre des musiciens »). — La troisième des quatre sciences dont l'objet est visible.

Gangâ. — Fleuve du Gange; limite extrême au Nord, 1. — Etang, c'est-à-dire lieu de pèlerinage et d'ablutions sacrées, 32.

Gangâ (Akâça —). Le Gange céleste; eau de ce fleuve divin, 26.

Garuda. — Type de bonté, a sauvé la grenouille de la gueule du serpent, 11.

Gharghâ. — Fleuve qui coule près du cimetière où Vikramâditya trouva l'homme d'or. Intr.

Ghatakapûri. — Un des beaux esprits de la cour de Vikramâditya. Intr.

Golangula. Singe; l'ignorant lui est assimilé, 32.

Guru. — C'est en le respectant qu'on acquiert la science, 4. — Précepteur spirituel.

Içvara. — Est une chimère, 32. — Est invisible et ne se manifeste que par ses œuvres, 28. — Une veuve qui ne se remarie pas doit lui rendre un culte constant, 29.

Indra. — Roi des dieux, donne un trône divin à Vikramâditya. Intr. Fait l'éloge de Vikramâditya devant tous les dieux, 25. — A besoin d'être secouru dans sa lutte contre les Dânavas, 29.

Indrajâla-vidyâ (« Science du Réseau d'Indra »). — Science au moyen de laquelle on réalise une manifestation magique, 29.

Jayaçekhara. — Roi de Padmanishat, détrôné, établi roi dans un autre pays, et sauvé d'une redoutable attaque par l'influence de cinq axa auxquels il avait sauvé la vie, lorsqu'ils étaient poissons, dans une existence antérieure, 13.

Jnâna-çâstra « Çâstra de la connaissance ». — Un pandit versé dans ce Çâstra fait une leçon au roi, 15.

Jyeshtha. — Deuxième mois de l'année indienne, 2.

Jyotiççâstra « Livre des clartés » astronomie; — fait connaître les signes précurseurs d'une famine, 24.

Jyotisha. — Le cinquième Vedanga, 4.

Kaçmira. — Nom d'un pays. Vikramâditya y fait remplir d'eau un bassin demeuré vide, 7. — Kamâlakar y reçoit de l'instruction, 8.

Kâkapâda « Pied de corbeau ». — Signe du corps dont l'existence sur la partie postérieure du palais détruit l'effet du signe de lotus sur la plante du pied, lequel annonce la royauté, 28.

Kâlidâsa. — Un des beaux esprits de la cour de Vikramâditya, cité avec plusieurs autres. Intr. Cité seul avec un etc., 29. — (Personnage fort illustre, auteur de poèmes dramatiques célèbres, entre autres du Çakuntalâ).

Kâlikâ. — Divinité qui avait un autel sur le bord de la rivière Gharghâ, non loin du cimetière où un yogî avait entraîné Vikramâditya. Intr.

Kalpa. — Le deuxième Vedanga, 4.

Kalpavyâkarana. — Le deuxième et le troisièm Vedanga, cités ensemble. Intr. (p. 24.)

Kâmadhenu (« Vache du désir »). — Talisman duquel on peut obtenir tout ce qu'on souhaite, 25.

Kâmâkhyâ (« Celle qui porte le nom de l'amour »). — Divinité qui a un autel sur le mont Nîla, 21.

Kamdlakar. — Fils de Tripurâkâr, purohita de Vikramâditya. Son père lui ayant fait honte de son ignorance, il voyage pour s'instruire et rencontre Naramohinî qu'il épouse avec l'aide de Vikramâditya, 8.

Kanakakrita (« Fait d'or »). — Montagne très dangereuse, où résidait le yogî Trilokanâtha qui donne trois talismans à Vikramâditya, 19.

Kancî et *Kancipurî*. — Ville où demeurait Naramohinî délivrée par Vikramâditya, 8.

Kandarpa. — Né au sein de Laxmî, l'a pris de haut avec Brahmâ et tous les dieux, 11. — (Nom du dieu de l'Amour).

Kanthâ. — Talisman qu'il suffit de toucher pour obtenir les richesses auxquelles on pense, donné par le yogi Trilokanatha à Vikramâditya qui le donne à un roi détrôné et mendiant, lui permettant ainsi de recouvrer ce qu'il a perdu, 19.

Kanyakubjá. — Pays, patrie de Siddhasena. Intr.

Karbura-mantrajáia (« Réseau du mantra d'or »). — Signe du corps qui, placé dans l'intérieur au côté gauche, détruit l'effet de tous les signes défavorables, supplée à tous les signes favorables, et assure à celui qui le possède l'aptitude royale. Vikramâditya était pourvu de ce seul signe, 28.

Kârtika. — Septième mois de l'année indienne, 2.

Kerala. — Nom de pays. Un pandit de ce pays éclaire Vikramâditya sur les causes de la famine, 24.

Khandika. — Talisman qu'il suffit de toucher pour en faire sortir toute une armée, 19.

Kuvera. — Vikramâditya devient aussi riche que lui au moyen de l'homme d'or. Intr. — C'est le dieu des richesses.

Laxmî. — Née de la mer, a donné naissance à Kandarpa, a fait le Çâstra des richesses, s'identifie avec la richesse ; est la maîtresse suprême ; Vishnu n'a conquis l'empire du monde qu'en maîtrisant Laxmî, 11. — La Laxmî de Vikramâditya l'abandonne, puis revient à lui à cause de sa fidélité à la parole donnée, 31.

Madanâsanjivanî. — Reine de Ratnavatî, cherche à séduire Vikramâditya qui résiste et lui fait épouser son ami Sumitra, 14.

Mâgha. — Le dixième mois de l'année indienne, 2.

Mahâmâyâ. — A fait le seigneur suprême et l'a défini dans le Çâstra, 32.

Mahânidrâ (« Le grand sommeil »). — A fait la force du seigneur suprême, 32.

Malaya. — Nom d'une montagne près de laquelle est située la ville de Pitapur, 11.

Manassiddhi (« Succès de l'esprit »). — Divinité dont l'autel est au sommet du Sumeru.

Mangala (« Bénédiction »). — La planète Mars; l'invasion de son champ par Saturne est un signe infaillible de famine, 24.

Máyávidyá (« Science magique »). — Au moyen de laquelle on peut faire apparaître des scènes qui n'ont rien de réel, 29. — Apparition due à la Mâyâ, 25.

Mantras. — Paroles magiques. Intr. 1, 8, 28, 29, 32.

Mihir. — Un des beaux esprits de la cour de Vikramâditya. Intr.

Mimamsaka. — Système philosophique dont les sectateurs, avec bien d'autres, fréquentaient la cour de Vikramâditya. Intr.

Mûliká. — Talisman au moyen duquel on peut obtenir tout ce qu'on veut; donné à Vikramâditya par un malheureux qu'il avait secouru, et par Vikramâditya à un mendiant, 12.

Muni (« Solitaire »). — Un muni avait, par une malédiction, condamné trente-deux divinités à orner comme figures le trône de Vikramâditya. (Epilogue).

Nága (« Serpent aquatique »). — Habitant du Pâtâla, père de Çâlavâhana, 23.

Nala. — A subi une destinée qu'il ne pouvait empêcher; cité par Vikramâditya, 13. — (L'histoire de Nala et de Damayanti est un des plus célèbres épisodes de l'épopée indienne; il en a été fait des traductions ou des rédactions spéciales en plusieurs langues de l'Inde).

Nanda (« Joie »). — Roi de Viçâlâ perd son fils et le retrouve, 1.

Naramohinî (Qui trouble les hommes »). — Jeune fille de Kanci opprimée par un Râxasa, délivrée par Vikramâditya, 8.

Naraka (Enfer). — L'ami perfide y séjournera aussi longtemps que dureront le soleil et la lune 1. — L'existence du Naraka niée par un sophiste athée, 32. — Ceux qui font des sacrifices humains y seront punis, 27.

Nârâyana. — Vikramâditya adore l'image de Nârâyana, et Nârâyana lui donne deux talismans Rasa et Rasâyana, 17. — Un des noms de Vishnu.

Nârâyana-carandravinda-dhyâna (Crîman-). — Méditation à laquelle se livrait Vikramâditya au commencement de la journée, 22.

Nila. — Montagne où se trouve l'autel de la déesse Kâmâkhyâ, 21.

Nirukta. — Les hommes versés dans le Nirukta fréquentaient la cour de Vikramâditya. Intr.

Niti-Çâstra (« Livre de la bonne conduite »). — Donne la supériorité à l'homme qui fait le plus d'efforts, 13. — Dit que tout doit tendre à la conservation du corps, 19. — Respecté par tous les sujets de Vikramâditya, 24. — Vikramâditya gouvernait conformément au Niti-Çâstra. — Les méchants peuvent s'amender par le Niti-Çâstra. Intr.

Nyâya. — La huitième des dix-huit sciences et des quatorze de la première catégorie.

Pada. — Parole qui fait tomber une pluie d'or, 30.

Padi-padi. — Paroles mystérieuses, 30.

Padmâlaya (« Demeure du lotus »). — Nom d'une ville où se trouvait un autel près duquel se réunissaient les Brahmacaris du lieu, 19.

Padmanishal. — Nom d'une ville où régnait Jayaçekhara qui fut détrôné et expulsé, 13.

Padmanka (« Signe du lotus »). — Un des signes du corps dont la présence sous la plante du pied annonce la royauté, 28. Voir *Kâkapâda.*

Pândya. — Nom d'un pays dont le roi envoie des présents à Vikramâditya, 29.

Parameçvara (« Le seigneur suprême »). — Il faut en admettre l'existence, 32.

Parameçvarî. — Invoquée par Vikramâditya pour conjurer la famine, lui accorde sa demande et lui donne le cintamani, 32. Voir *Devî.*

Pâtâla. — Les mortels y errent (pour expier leurs fautes), 1. — Monde souterrain où se trouve la ville en pierreries des jeunes filles d'un lac, 20. — Ville où résidait le Nâga, père de Çâlavâhana.

Pâtanjali. — Les adhérents de la doctrine de Patanjali fréquentaient la cour de Vikramâditya. Intr. Sa doctrine est la onzième des dix-huit sciences et des quatorze de la première série, 4.

Phâlguna. — Onzième mois de l'année indienne, 2.

Piçâca. — Génies impurs. — Sont athées, ou l'athéisme est une qualité de Piçâca. Intr., 32.

Pitapur. — Ville voisine du mont Malaya, près de laquelle était une femme opprimée, délivrée par Vikramâditya et donnée par lui à Purandara.

Pradaxina. — Salut qui se fait en tournant autour de l'objet vénéré de manière à l'avoir toujours à droite, 19.

Pratishthâna. — Ville où régnait Çâlivâhana, intr. — Résidence de Çâlavâhana, assiégée vainement par Vikramâditya, 23.

Purâna-Çâstra. — Quatorzième des dix-huit sciences, dernière de la première catégorie, 4.

Purandara. — Fils de Bhadrasena, dissipe follement les richesses accumulées par son père Bhadrasena ; ruiné, il passe à l'étranger et fait la découverte d'une femme opprimée que Vikramâditya lui donne après l'avoir délivrée, 11.

Pûrvamîmamsa. — La cinquième des dix-huit sciences et de la première catégorie, 4.

Pusya. — Astérisme. Le jour de sa conjonction avec le soleil est favorable à la construction d'un palais, 30.

Râja(niti) — *Çâstra.* — Traité de la politique. Servait de règle à Vikramâditya, 17, 22.

Rasa. — Talisman qui procure tous les biens du Samsara, donné à Vikramâditya par Nârâyana, 17.

Rasa. — Neuf sentiments, 21.

Rasasiddhi. — Réalisation corporelle de ces neuf sentiments, 31.

Rasâyana. — Talisman qui procure tous les biens spirituels, donné à Vikramâditya par Nârâyana, 17.

Ratnakar (« Mine de joyaux »). — Nom de la mer appelée ainsi parce que Laxmî en est sortie, 14.

Ratnavatî « La (terre) qui possède des joyaux ». — Nom du pays où se trouvait l'étang de Çakravâtar, 14.

Râxasa. — Mauvais génie anthropophage. — Durjaya, râxasa de Kânci, persécuteur de Naramohinî, tué par Vikramâditya, 8. — Rexasa anonyme d'une île non désignée, mange un homme par jour; Vikramâditya obtient de lui qu'il mette fin à ce procédé, 10. — Râxasa, oppresseur d'une femme, de Pitapur, vaincu et tué par Vikramâditya, 11.

Rigveda. — La première des dix-huit sciences et des quatorze sciences de l'Adrishtârtha, 4.

Rohinî. — La lune. Si son char est brisé par Çanaiçcara et que Çanaiçcara envahisse alors le champ de Vénus ou de Mars, il y aura famine, 24.

Rûpa-Mimamsa. — La septième des dix-huit sciences et des quatorze de l'Adrishtârtha, 4.

Rûpa-Nyâya. — La douzième des dix-huit sciences et des quatorze de l'Adrishtârtha, 4.

Saccidânanda. — Nom de l'Etre suprême, 15, 32.

Sâmaveda. — La troisième des dix-huit sciences et des quatorze de l'Adrishtârtha, 4.

Sambandhakâr. — Nom du champ où fut trouvé le trône de Vikramâditya. Intr.

Samsâra. — Le monde changeant, dans lequel les êtres roulent incessamment d'existence en existence sous les formes les plus diverses.

Sâmudraka-Çâstra (« Livre des signes »). — (Etendard, diamant, aiguillon, etc.), où sont décrites et expliquées les vingt lignes du corps qui annoncent les aptitudes et les destinées des individus, 28, 31.

Sankhya. — Système philosophique ; les docteurs du Sankhya paraissaient à la cour de Vikramâditya. Intr. — Dixième des dix-huit sciences et des quatorze de l'Adrishtârtha, 4.

Sannyasî. — (Synonyme de Yogi). Malheureux dans ses exercices, 2. — Fourbe et incrédule, 32.

Sarasvatî. — Déesse de la persuasion. Est sur le bout de la langue de Çaradânanda, 1. — Le Siddhimantra de Sarasvatî donne la science, 8.

Setubanda — Le pont de Râma. Extrémité méridionale du monde pour les Indiens, 1.

Siddha. — Synonyme de Yogi. Instruction d'un Siddha à Vikramâditya sur la vertu, 13. — Les Siddhâs se transmettent les traditions religieuses, 32.

Siddhasena. — Brahmane de Kanyakubja, donne

à Vikramâditya des conseils vertueux, et devient membre du conseil, chef des Pandits. Intr.

Siddhimantra. — Le Siddhimantra du Sarasvatî donne la science. 8. (« Mantra de succès ».)

Smriti (« Traditions »). — Les docteurs de la tradition fréquentaient la cour de Vikramâditya. Intr.

Somadatta (« Donné par la lune »). — Fils de Çrîdatta d'Avantî, se construit un palais où il se produit des faits merveilleux. Vikramâditya le lui achète et le lui rend gratuitement, rempli du produit d'une pluie d'or, 30.

Sumeru. — Montagne célèbre, au sommet de laquelle se trouve l'autel de la divinité Manassiddhi ; appelée aussi Meru, 26.

Sumitra (« Bon ami »). — Ami de Vikramâditya qui lui donne la Rânî Madanasanjîvanî avec le pays de Ratnavatî, 14.

Sûrya (« Le soleil »). — La divinité du soleil verse l'Amrîta sur Vikramâditya pour le ranimer lors de sa défaillance dans une ascension merveilleuse et lui donne ensuite des pendants d'oreille, 18. — Conjonction de l'astérisme Pushya et du soleil, 30.

Svarga (« Séjour de la félicité »). — La mort sur le champ de bataille y fait aller les Xatryas. — Vikramâditya y arrive. Intr. — Les mérites acquis par les pèlerinages aux étangs sacrés font obtenir le Svarga. — C'est une folie d'agir en vue du Svarga ; il n'existe pas, 32.

Tarkika. — Les partisans de la philosophie tarkya fréquentaient la cour de Vikramâditya.

Trilokanátha. — Nom d'un yogî qui résidait sur la montagne de Kanakakrita; visité par Vikramâditya auquel il donne trois talismans, 19.

Tripurakar. — Purohita de Vikramâditya, père de Kamâlakâr, 8.

Udaya (« Lever »). — Nom d'une montagne au sommet de laquelle se trouve un autel et un lac duquel sort une colonne surmontée d'un trône qui s'élève progressivement jusqu'à midi, de manière à atteindre le soleil, 18.

Uttara-Mimamsá. — Sixième des dix-huit sciences et des quatorze de l'Adrishtârtha, 14.

Vâsuki. — Imploré par Vikramâditya, lui donne de l'amrita pour ranimer son armée paralysée; Vikramâditya ayant abandonné cet amrita à des adversaires déguisés, Vâsuki fait lui-même pleuvoir l'amrita sur les troupes du roi, 23.

Vaiçákha. — Premier mois de l'année indienne.

Vaiçeshika. — Partisans de la philosophie vaiçesha fréquentant la cour de Vikramâditya. Intr. — Cette philosophie est la neuvième des dix-huit sciences et des quatorze de l'Adrishtârtha.

Vaitálika. — Personnage qui se présente au conseil du roi Vikramâditya et fait apparaître une scène sans réalité, 29.

Varâha. — Un des beaux esprits de la cour de Vikramâditya. Intr.

Vararuci. — Un des beaux esprits de la cour de Vikramâditya. Intr.

Veda. — Les docteurs du Veda fréquentaient la cour de Vikramâditya. Intr. — Les Vedas, les quatre premières des dix-huit sciences, des quatorze de l'Adrishtârtha, 4. — Le Veda prescrit certains actes pour le milieu du jour, 22. — Dans le mariage, on prononce des mantras du Veda, 29.

Vedanga. — Les six membres du Veda sont désignés à la suite des quatre Vedas comme faisant partie des quatre premières des dix-huit sciences, des quatorze de l'Adristârtha (ou de l'invisible), 4.

Vedanta. — Les sectateurs du Vedanta fréquentaient la cour de Vikramâditya. Intr.

Vetâla. — Nom d'un génie dangereux qui hante les cimetières et produit des effets redoutables. Intr. — Le Vetâla Agni. Intr.

Vetâlabhatta. — Un des beaux esprits que fréquentaient la cour de Vikramâditya. Intr.

Vetâlapura. — Ville où réside la divinité Çonitapriyâ à laquelle on offre des sacrifices humains. Vikramâditya les fait cesser, 27.

Vetalika. Voir Vaitalika.

Viçâla (« Large »). — Ville où régnait Nanda, 1.

Vijayapâla. — Fils de Nanda, roi de Viçâla,

perdu dans la forêt, trahit son protecteur, devient fou, est retrouvé, 1.

Vikramâditya. — Frère cadet de Bhartrihari, s'expatrie, est nommé roi après l'abdication de son père, triomphe d'Agni, gagne l'homme d'or, suit les conseils de Siddhasena, obtient le trône aux trente-deux figures, fait la guerre à Çalivahana, meurt dans le combat et s'en va dans le Svarga. Introduction.

Ses trente-deux aventures.. Ses libéralités envers un mendiant qui lui raconte une histoire instructive et son système de gratifications, 1. — Obtient de la divinité du Citrakuta pour un yogî des faveurs que celui-ci n'avait pu conquérir, 2. — Obtient de la mer quatre talismans qu'il donne à un brahmane et à sa famille, 3. — Sauvé par un brahmane qui ensuite lui détourne son fils, il refuse de punir ce brahmane et montre ainsi sa gratitude, 4. — Le roi, étant au parc, rencontre un ascète qui renonce à l'ascétisme pour aspirer aux biens du monde; le roi comble cet ascète de biens, 5. — Prêt à se couper la tête pour rendre la vie à un couple mort, il obtient le retour à la vie de ces deux personnes sans se décapiter, 6. — Prêt à se couper la tête pour faire remplir d'eau un bassin vide, il obtient que ce bassin soit rempli, 7. — Délivre Naramohinî opprimée par le Raxasa Durjaya et la donne à Kamalâkar, fils de son Purohita, 8. — Va trouver un yogî venu

dans son parc et reçoit de lui un talisman, 9.
— S'offre en pâture à un Raxasa à la place d'un
enfant et obtient de lui qu'il renonce à se
nourrir de chair humaine, 10. — Tue le Râxasa
de Pîtapur qui opprimait une femme et la
donne à Purandara, 11. — Discute avec des
Pandits, secourt un malheureux blessé et obtient de lui un talisman, 12. — Soutient le fa-
talisme contre un yogî qui soutient la liberté
et, après lui avoir raconté une histoire, lui
donne un joyau, le cintamani, 13.— Entre dans
l'huile bouillante pour conquérir Sanjîvani, est
guéri de ses brûlures et la donne à Sumitra, 14.
— A des entretiens savants avec un juge et lui
donne huit lacks d'or, 15.— Veut se soumettre
par substitution au supplice que Candraçekhara
endurait pour devenir semblable à Vikramâditya
et réussit à affranchir Candra-çekara de ce supplice, 16. — Etant à la poursuite d'un sanglier,
entre dans une vaste grotte et obtient de Nârâyana deux talismans qu'il donne à deux
brahmanes, 17. — S'élève jusqu'au soleil sur le
trône merveilleux du mont Udaya, est ranimé
par lui, et reçoit des boucles d'oreilles, 18. —
Va voir le yogî Trilokanâtha qui lui donne trois
talismans; il les remet à un roi détrôné qui re-
monte sur son trône, 19. — Plonge dans le lac
des huit jeunes filles qui lui donnent huit
joyaux; il les passe à un Brahmane pauvre, 20.
— Justifie ses voyages et obtient de la déesse

Kâmakhyâ du mont Nila la manifestation corporelle des huit rasas en faveur d'un étranger; il était prêt pour cela à s'immoler, 21. — A un cauchemar, à la suite duquel il entreprend de grandes libéralités, 22. — Fait la guerre à Çâlavâhana qui n'avait pas voulu se rendre près de lui et n'est sauvé que par l'amrita de Vasuki, 23. — Est prêt à s'immoler pour conjurer la famine qu'un Pandit lui a prédite; ол .... qu'il n'y ait pas de famine dans ses Etats, 24. — Se dévoue pour sauver une vache menacée par un tigre et reçoit de la vache et du tigre qui ne sont que des dieux déguisés, la vache kâmadhenu, 25. — Enlève l'eau du Gange céleste sur l'autel de Manassiddhi et obtient ainsi d'un joueur qu'il ne jouera plus, 26. — S'offre en victime à la divinité Conitapriya et fait cesser les sacrifices humains dans Vetâlapura, 27. — Veut s'ouvrir le corps pour constater dans son flanc droit l'existence de Karburamantrajâla, est dissuadé de le faire et n'a pas de doute sur l'existence de ce signe, 28. — Un Vaitâlika produit une scène non réelle qui met en lumière la sagesse et la fidélité de Vikramâditya, qui reçoit de grands présents du roi de Pandya, 29. — Achète le palais de Somadatta et lui en fait don après qu'une pluie d'or y est tombée toute la nuit, 30. — Observe la parole donnée en achetant l'image Dâridra, et se voit abandonné par toutes ses qualités qui finissent par revenir pour le récompenser de sa fidélité, 31. — Vient en aide aux affamés et est obligé de recourir à Devî qui l'exauce en détruisant les effets de la famine, discute avec un sophiste athée et matérialiste qu'il finit par convaincre, 32.

Vikramasena. — Fils posthume et successeur de Vikramâditya. Intr.

Vi-se-mi-râ. — Syllabes prononcées par Vijayapâla pendant sa folie; il abandonne chaque syllabe à mesure que la raison lui revient, 1.

Vishnu. — Dieu célèbre; est devenu le maître du monde par la possession de Laxmî, 11.

Vyâkarana. — Les docteurs du Vyâkarana fréquentaient la cour de Vikramâditya. Intr. — Troisième Vedanga, se rattachant aux quatre premières des dix-huit sciences, 4.

Xapanaka. — Un des beaux esprits de la cour de Vikramâditya. Intr.

Yajnâdatta. — Cultivateur du champ où était enfoui le trône de Vikramâditya. Intr.

Yajur. — Troisième des dix-huit sciences et des quatorze de l'Adrishtârtha. Intr.

Yama. — Dieu de la mort. L'homme sans péché le considère comme un brin d'herbe, 9; — sanglier qui lui ressemble, 17.

Yaxa. — Génie. — Cinq Yaxa font obtenir et conservent la royauté à Jayaçekhara qui, dans une autre existence, lorsqu'ils étaient poissons, leur avait sauvé la vie, 13.

Yogî. — Yogî perfide tué par Vikramâditya. Intr. — Yogî de la pagode de Citrakuta, malheureux dans ses macérations, obtient d'être exaucé par l'intermédiaire de Vikramâditya, 2. — Yogî qui renonce à ses macérations et que le roi comble de présents, 5. — Yogî venu à Avanti et visité par Vikramâditya auquel il donne un talisman, 9. — Yogî disputant avec Vikramâditya sur la fatalité, 13. — Le Yogî Trilokanâtha fait don à Vikramâditya de trois talismans, 19. — Yogî sophiste incrédule, 31.

Yugâdideva. — Divinité à qui appartenait l'étang Çakrâvatar, 14.

TABLE DES MATIÈRES

Avis au lecteur.......................... 1

Étude sur les trente-deux récits du trône.

I. — Aperçu général.

§ 1. — Les contes relatifs à Vikramâditya.......................... v

II. — Histoire.

§ 2. — Vikramâditya et Çâlivâhana.. xiii
§ 3. — Journée d'un roi indien....... xvi

III. — Morale.

§ 4. — Vertus morales de Vikramâdi-

tya.. XVII
§ 5. — La science..................... XXII
§ 6. — La vie......................... XXVII
§ 7. — Les plaisirs................... XXVIII
§ 8. — Les richesses................. XXIX
§ 9. — Fatalité, activité............. XXXI
§ 10. — Un roi peut-il voyager ? — Du devoir qui lui incombe....... XXXII
§ 11. — Les dix-huit vices........... XXXIV
§ 12. — Vertus populaires; — castes; — mariage; — veuvage............ XXXVII
§ 13. — Les neufs rasa (« goût, saveur »)................................. XLVI

IV. — Magie.

§ 14. — Chaussures magiques et transformations....................... XLVII
§ 15. — Etres surhumains.......... LI

V. — Religion......................... LIV

§ 16. — Croyances vulgaires......... LV
§ 17. — Culte........................ LVII
§ 18. — Croyances fondamentales... LXII
§ 19. — L'âme suprême............. LXVI

TABLE DES MATIÈRES

Avis du traducteur bengali.............. 3

Introduction........................... 5

Récit de la première figure............ 29
— deuxième.................... 41
— troisième................... 45
— quatrième................... 49
— cinquième................... 57
— sixième..................... 63
— septième.................... 69
— huitième.................... 73
— neuvième.................... 79
— dixième..................... 83
— onzième..................... 87
— douzième.................... 93
— treizième................... 97
— quatorzième................. 107
— quinzième................... 111
— seizième.................... 115
— dix-septième................ 121
— dix-huitième................ 127
— dix-neuvième................ 131
— vingtième................... 137
— vingt-et-unième............. 143
— vingt-deuxième.............. 149
— vingt-troisième............. 155
— vingt-quatrième............. 163

Récit de la vingt-cinquième............ 166
— vingt-sixième.............. 173
— vingt-septième............. 179
— vingt-huitième............. 183
— vingt-neuvième............. 191
— trentième................. 203
— trente-et-unième........... 207
— trente-deuxième............ 213

ÉPILOGUE............................ 225

TABLE ALPHABÉTIQUE DES NOMS INDIENS..... 229

Le Puy. — Imprimerie de Marchessou fils.

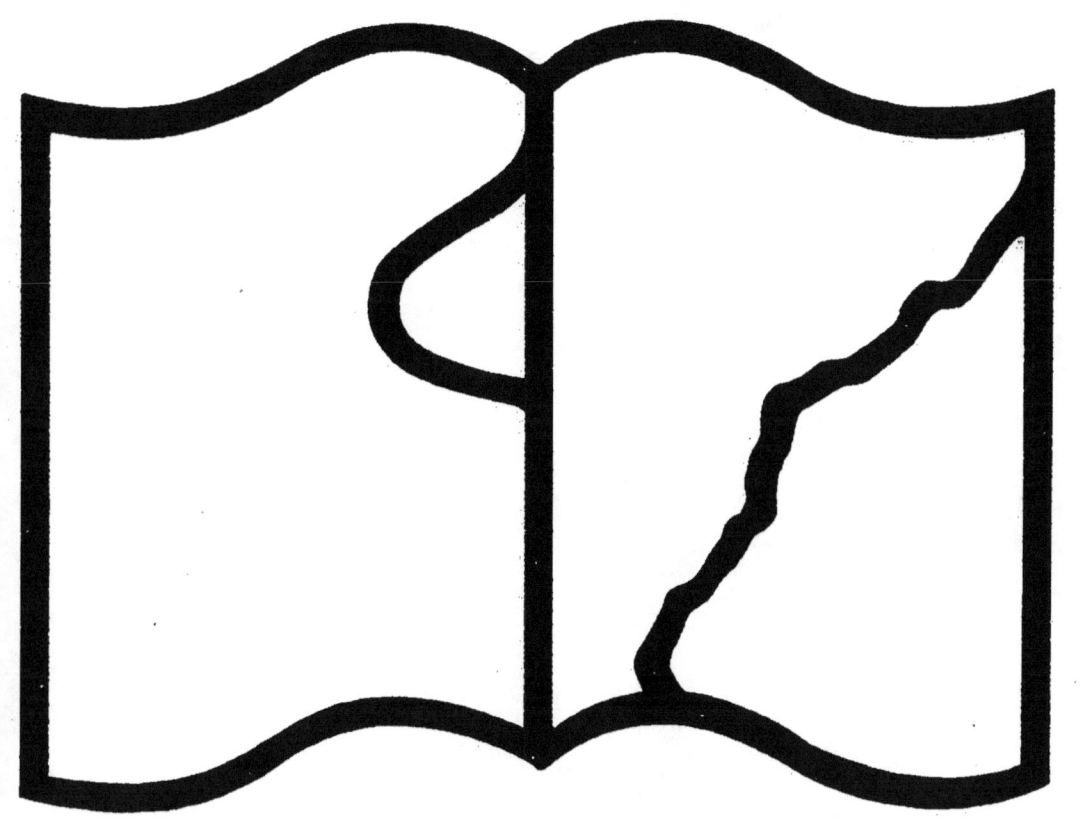

Texte détérioré — reliure défectueuse

NF Z 43-120-11

www.ingramcontent.com/pod-product-compliance
Lightning Source LLC
Chambersburg PA
CBHW072019150426
43194CB00008B/1166